JN287832

チェーンストアの実務原則・シリーズ

ストア・コンパリゾン
店舗見学のコツ

［新訂版］

渥美俊一・桜井多恵子 共著

実務教育出版

シリーズ刊行のねらい

本シリーズは、わが国にチェーンストア産業を築造するために、いま営々と努力しつづけている人たち、すなわちチェーンストア志向企業で働く中堅幹部を、対象にしている。

なかでも、範囲は少ないにしても徐々に決定権ないし専属起案権をもつことを認められ、成果としての経営効率数値についてなんらかの期待をもたれはじめた三十歳前後の人々を、とくに念頭において書かれたものである。

内容は、チェーンストア経営の実務について、体系化された基本技術書である。その特徴は、昭和五十年代前半に同じ出版社から出された、「講座 チェーンストアの実務」全一二巻が、入社後三〜五年生対象で、理論体系としてはビッグストアからチェーンストア・システムへの橋わたしとしての過渡的なものであったのに対し、今回のものは本格的なチェーンストア経営システムとしての行動原則に取り組んでいることである。

さらに、昭和六十一年以降に発表された拙著『チェーンストア経営の目的と現状』(現在は『21世紀のチェーンストア』に変更)、『チェーンストア経営の原則と展望』、『チェーンストア 能力開発の原則』の実務展開についての解説シリーズとしての役割を、担うものである。

したがって、このシリーズの論旨は、十九世紀後半以来の欧米におけるチェーンストア産業の経験法則と、わが国におけるビッグストアづくりの実務体験に基づいている。それはビッグストアづくりの技術をチェーンストアの技術へと体系的に転換させることを意図している。したがって、現時点での現場での難問や障害の解決策にチェーンストア経営のシステムとして再構築しようというものだ。

しかしながら、チェーンストア産業形成には欧米で一〇〇年以上もの歳月が必要であったし、いかにわれわれの努力でそれを短縮しても五〇年以上はかかるに違いない。日本ではチェーン化志向の経営が初動してから、まだわずか四〇年しか経過していないのだ。これまでは、チェーンストア産業づくりの前段階としての、準備時代だったのである。準備時代とは何か。それは、すぐれた人材の確保とスペシャリストの育成時期であった。

そのための教本（テキスト）として執筆されたのが、今回のこのシリーズである。したがって、すでに確立され確認された行動原則は、できるかぎりテーゼ化することをモットーにした。そのまま中堅諸君が行動および判断原則として理解すれば、実務が正当に、しかも確実に前進させられるように執筆されている。

チェーンストア経営のシステムとは、人類が二十世紀後半に開発できた豊かな〝暮らし〟を国民大衆に提供する、技術の体系である。本シリーズが対象とした十年選手たちが十五年選手、二十年選手として円熟するとき、そしてそうしたテクノクラートたちが企業単位ごとに数十名あるいは数百名育成確保されたとき、さらにそのような事業集団が三桁の数で出そろってきたとき、初めてチェーンストア産業が成立する。わが国にも遅まきながら、国民の豊饒な日常生活が確保されるのである。

その時期は二十一世紀の初頭からとなるであろう。われわれ執筆者のロマンの花は間もなく満開になるものと信じている。

編集企画者兼執筆者代表
渥美俊一
（日本リテイリングセンター・チーフ・コンサルタント
チェーンストア経営研究団体ペガサスクラブ主宰）

本書のまえがき(1)

この本は、ストア・コンパリゾン(store comparison＝店舗比較見学)について、過去一〇〇年間にわたりアメリカのチェーンストア業界で築造されてきた方法を体系的に説明している。

もともと店舗見学は、日本でも、自社も他社も含めてたいていの商業者は必ずやっていることだ。とくに新店づくりや改造・拡張の際は、そのつど見学団が編成されている。さらに新しい発想をというねらいで、アメリカの店舗やショッピングセンター(以下、本文においては、ＳＣと略記する)めぐりの人数も、毎年膨大な数にのぼっている。

しかし、その効果といえば、お寒い限りなのが実情だ。建物の外装や内装のデザイン、陳列機器、販促手段のものまねが多い。商品分野に入ったとしても、わが社にはなかった部門名と品種名とを直ちに導入したり、詳細に接客方法をマークして追随するだけ、といったことで終わりがちである。

あとは「混んでいた」とか、「熱気があった」、「広々としていた」、「キレイだった」という漠然とした印象が、収穫のすべてになっている。ひどい例では、アメリカはダメだというムチャクチャな悪口だけが結論だったという場合も起こっている。

見学に行く人々もトップ級だけで、実態は物見遊山だったり、競争状態と潮流とを詳細に学びとるべきアメリカ見学のはずが、二十歳代主力のため、学習したことが日本では実行できなかったりするのである。当然にそれぞれの調査レポートは、印象論に終始してしまう。

ところが、チェーンストア産業が確立されているアメリカでは、ストア・コンパリゾンはまず、トップ・マネジメントに属する人々の必須技術なのである。変化対応をモットーとすべき人々であるからだ。他方三十歳代の中堅にとっては、年課として教育カリキュラム上の重要単元になっている。スペシャリストとして数値責任を負うためには、不可欠な学習技術課題だからである。もちろん、新しいプロジェクト（新規の経営課題）担当者ならば、その準備段階でこのストア・コンパリゾンは何度も繰り返し組まれるべきスケジューリング上のテーマなのである。

言い換えれば、ストア・コンパリゾンとは単なる〝見学〟を意味する言葉ではなくて、わが社の「改善」と「改革」と「転換」のために不可欠な手順のひとつなのである。それは経営行動を前向きに変更するための事前調査項目であり、企業としての生存・成長・競争対策の基盤となる必須技術の項目だったのである。

このために、ストア・コンパリゾン手法は、アメリカでは二十世紀初めごろから経験法則として蓄積され、さらに一九五〇年代以降体系化されてきた実務理論となっている。

本書は、それを日本では最初に解明したものだ。

逆にいえば、私ども日本リテイリングセンターがこの四〇年間、わが国で唯一のチェーンストア経営システムづくりの経営コンサルティングをしつづけてこれた原動力は、いち早くこのストア・コンパリゾン手法を学習したことである。

二番目に、その実行に際し、時間と費用とを惜しまずに投入していることだ。その量は日本国内のどの研究機関をもしのぎ、アメリカの同種機関のA級に匹敵するとの自負をもっている。

私どもがチェーンストア経営について述べるときは方法論として演繹法を使うが、それ以前に、ストア・コンパリゾンを広範囲に、そしてとぎれなく繰り返しつづけることで、帰納法的に共通の成否を分ける原則を導き出してきたつもりだ。

私自身八十歳になった今日でも、年間八〇日以上はアメリカを中心に海外視察をしており、別に九〇日は国内の店舗やSCを見て回っている。それこそが私どもの活力の源であり、その主張や体系説明内容が、間違いをおかす確率を最小限にとどめている理由でもある。

本書は、その方法をわが国で初めて一冊の本にまとめたものだ。基本原則は、第I部として私自身が書いた。細部については第II部以降に、日本リテイリングセンターのマーチャンダイジング・コンサルタント桜井多恵子が担当した。桜井は私の率いる同センターで四〇年間（アメリカ留学も含めて）にわたって修業し、調査活動に専念してきている、アメリカのチェーンストア経営システムとその調査手法については、わが国でも超A級のベテランだ。

本書の想定読者層は、トップをはじめ経営管理担当幹部から中堅幹部にいたるまでであり、さらにチェーンストア産業の周辺事業に属する人々や流通業の研究学徒たちにも、幅広く示唆に富むはずだと信じている。

本書の内容をより深めるためには、技術原則各論として、本書の属する「チェーンストアの実務原則・シリーズ」（実務教育出版刊）の拙著『商品構成』、『仕入れと調達』、『店舗レイアウト』、『チェーンストアのマネジメント』、共著『店内作業』、桜井著『新しい売場構成』、『サービス』などを、お読みいただきたい。

その理由は、これらの書物が、本書の第III部の叙述項目を、それぞれ独立した技術問題として、より詳細に、そして体系的に説明しているからだ。

二〇〇九年、いよいよ〝天下大乱〟の時とあって、改めて日本リテイリングセンター・チーフ・リサーチャー梅村美由起とリサーチャー上代しのぶとが数表を入れ替え、論旨も新しい展開分を追加し、修正した。

二〇〇九年十一月

日本リテイリングセンター
チーフ・コンサルタント　渥美俊一

本書のまえがき(2)

私はかつて、私の師、渥美俊一（日本リテイリングセンター・チーフ・コンサルタント）に同行して、ディスカウント・ストアのウォルマート（Wal-Mart）を見に行った。同社は今日世界最大の小売業（二〇〇八年一月売上高四、〇五六億ドル、約四四兆円、米国内四、二五六店、海外含む合計七、八七三店）になっているが、当時はまだ売上高が四、四〇〇万ドル、店数も三八店の小チェーンだったころのことだ。したがって、日本ではその社名を聞くこともなかったし、アメリカでも一部のアナリストが注目しているにすぎなかった。一九七一年のことである。

不便なアーカンサス州の片田舎へわざわざその店を見学しに出かけるきっかけとなった理由は、われわれが信頼していたアナリストが常に注意を払っていた企業だったからだ。彼から得た情報では売上高と店数の伸び率が異常に高かったこともあるが、それよりも利益率が継続して高い率を維持していたからである。

店に到着して三〇分とたたないうちに、渥美は「この会社は必ず大チェーンになる」と評価したものだ。その後二時間ほどかけて店内を見学したが、大学を卒業して数年しかたっていなかった新米の私には、その時その店のどこが優れているのか理解できなかった。見渡すかぎり畑と草原の真ん中にぽつんと建った安っぽいその店は、私にとっては謎だった。

その半年後、われわれは同州ベントンビルのウォルマートの本部に、創業者で会長のサム・ウォルトン（Sam Walton 一九九二年四月死去）を訪ねた。その時、経営政策や経営戦略上の問題点について、渥美がサム・ウォルトンに直接質問した。一〇分間経過したところで、質問の内容と論旨がウォルトンがその時までに会ったアメリカのマスコミやアナリストたち取材者の「誰よりも鋭く的確だった」（サム・ウォルトン自身の感想）として、隣で聞いている私が失礼だと思うような質問にも、一つひとつごまかさずに答えてくれた。約束の二倍も時間をさいて、ウォルトンはその経営者としての気持ちや外部の人には言うはずのない作戦のねらいについても、説明してくれた。そのうえ、自分自身でわれわれを店まで連れて行き、店内をくまなく案内しながら、商品やレイアウトの特色や商品集荷の苦心談も話してくれたものだった。

こちらはマスコミでもアナリストでもないので、ウォルトンにとっては何の利益もないのに応対してくれたのは、彼がその日ヒマだったからではない。当時は私の知識が未熟だったために、そのすべてについてはよく覚えていないが、渥美が確認や質問をしている内容が少しずつ、ウォルトン自身を真剣にならざるをえない気持ちに引きずりこんでしまったためだ。では、渥美の質問がどうして生まれてきたのか、何によってそれをそのようにとりあげたのか、不思議でならなかった。なぜなら、渥美は私と同じ時間しか、その店を見ていないことを知っていたからだ。

その後もウォルマートは成長を続けて世界一の小売業になったわけだが、私自身も仕事としてさまざまな店づくりや商品や作業の調査に携わるうちに、店の見方が徐々にわかってきた。これは魔法でも感性でもなく、①継続的なデータの集積と、②科学的な思考を駆使した観察から分析へ、そして判断を下すという思考手順、この二つの経験を積み重ねてきた結果なのである。

渥美俊一はウォルマートの店を初めて見たときに、すでに彼の頭の中にインプットしてあった店舗見学のチェック・リストに基づいて、目から入った情報を瞬時に審査し、何が問題かを発見していたのだ。新聞記者だったころから彼は、科学的なものの見方を自ら培う一方で、繰り返し数多くの店を見つづけることで、店舗見学のエキスパートになっていたのだと思う。それが今日、彼がチェーンストア経営コンサルタントとして活動しつづけていられる実力の基盤になっているのである。

本書は、そのノウハウを、渥美とともにまとめたものである。

日本リテイリングセンター
マーチャンダイジング・コンサルタント　桜井　多恵子

ストア・コンパリゾン——店舗見学のコツ［新訂版］ 目次

ストア・コンパリゾン

——店舗見学のコツ［新訂版］

I——ストア・コンパリゾンの基本原則

1　ストア・コンパリゾンの意味

一九六二年（昭和三十七年）に実質創業して、わずか二八年後の一九九〇年にはアメリカ最大の、すなわち世界最大の小売業となったのが、ウォルマート（Wal-Mart）である。その創業者サム・ウォルトン（Sam Walton 一九九二年死去）から私自身直接繰り返し聞いた次の言葉がある。

「私が他社のどの経営者にもまさっていたのは、頭の良さや決断力や統率力などではない。それは毎日、他社の店を誰よりも多く視察しつづけてきたことである」と。つまり世界一の売上高規模をなしとげえたのは、ストア・コンパリゾン（store comparison）の数の多さによるものだ、と述懐していたのである。

ストア・コンパリゾンとは、直訳すれば店舗比較（見学）のことだ。実際には、他社とわが社の両方を実地に視察・調査をして、自らの方針や内容を、改善し改革するという、一連の行動を指している言葉である。

現実に、過去五〇年間にわたる私の経営コンサルティング活動の中で、停滞企業や没落企業を数多く眺めてきたが、それらに共通する弱点は、常に店舗現場を他社も自社もともにまったく見ていない、という通弊のあることだった。

実際にたくさんの店現場を訪れてさえいれば、地味でも着実に定石を押えて徐々にでも伸びている条件がわかるし、急速成長企業がどの点で優位に立つことを果敢に実行しているかも発見できる。

逆に、その時点では名声もあり規模も大きいところが、墓穴を掘るような間違いを犯しながら平然としていることや、自信過剰でとんでもない対策を続けていることなどについても、証明されるのである。

これによって当然にわが社の現行のミスや欠陥が判明して、改善や改革やニュー・プロジェクトに活用できることになる。

我流の克服策

「経営に必要な情報は十分に入手している」と自負する経営者は少なくないが、その情報の中身、種類と品質とが問題なのである。

一般に経営に関する情報といえば、マクロ情報とミクロ情報とに大別される。

前者は、景況、政府の施策や法規の変更から金利、地価、求人倍率、為替相場など、あるいは産業界の基本動向、さらに流通業界内のニュー・フォーマットづくりや他社との合併・提携、ナショナル・ブランド（NB。281ページ「用語解説」参照）メーカーの営業政策の変更などを指している。

後者は、わが社や有力他社についての経営効率、新店動向、業種やフォーマットや店の改廃傾向、品揃えや売場づくりや組織運営の変化、そしてわが社の細部にわたる計画と実績と効率の数値や、社内の不平・不満・苦情の内容、人事評価の状況など、多種類にわたるであろう。

ここに思いつくままに記した情報種類だけでも、あなたのところに適時・適量に到着しているのだろうか、そして到着した情報の品質レベルは高いのだろうか、と考えてみると、情報は十分にあるとの自信も少しずつ揺らいでくるはずである。

こう言えば、「情報は多ければ良いというものではない」と反論されかねないけれども、情報の種類が多いことはやはり絶対条件であり、それとともにそれらを選択評価できる能力の高さもまた並立条件である。

では、その取捨選択能力は、どうやって用意されるのであろうか。

それは、経営の定石、流通業ではそのほかにチェーンストア経営の理論（体系化された経験法則）の勉強をすることである。それがないと、見れども見えず、聞こえども聞こえずという破目に陥ってしまうだろう。言い換えれば、我流の知識と感覚とで情報の有効性を選び出してはならないのである。

しかもここで最も大事なことは、その鑑識能力は、絶えず磨きつづけねば、たちまち腐敗してしまうという特性のあることだ。

私が名指しで誰と指摘できる大手のトップの少なからぬ人々は、かつて猛烈に勉

新しい情報系

強をし、これまでの業績も立派なものだが、最近の思考傾向や経営上の判断は、随分と時流にずれている感じがする。一〇年後を思えば、とんでもないとまで言わざるをえない言動が目立つのだ。

しかしその原因は、本人たちが耄碌《もうろく》したためではなくて、流通業の時勢がわからなくなってしまっていることと思われるのだ。

わからなくなったのは、彼らが最近、店を全然見ていないからである。わが社の店だけではなくて、他社の店も、そしてアメリカのチェーンストアもである。

マクロ情報とミクロ情報をふんだんにもち、しかも頭脳明晰で論理構成が整っているようでも、肝心の着眼点ないし評価尺度が狂ってしまうのは、ストア・コンパリゾンの重要性に目をつぶってしまったためである。

言い換えれば、我田引水、我流を戒め、流れに覚醒し、変化に敏感に取り組むために、このストア・コンパリゾンが存在するのである。

ストア・コンパリゾンとは本来、情報と現実、知識と感覚、理論体系と現場実務といった、異次元に位《くらい》する二つのカテゴリーを結びつける触媒の役割を果たすものである。

したがって、先に述べたマクロ情報とミクロ情報とにまたがるもう一つ別の情報系が、このストア・コンパリゾンだと断言できるのだ。

極端に言えば、広範囲で精緻な理論をもつことや、数え切れないほどたくさんの情報資料を入手する努力よりも、ストア・コンパリゾンのほうが役に立つ。それは、いま何をなすべきかを、自分自身に簡単明瞭に教えてくれるからである。

昔から「百聞は一見にしかず」というではないか。

流通業の世界は、このストア・コンパリゾンが容易であることも望外の幸せである。これが製造業だと、自社工場は見ることができても、他社のそれは原則としてむずかしい。ましてや競争相手の生産現場は、垣間見ることすら不可能に近いのである。

これに対して流通業は、一人の客として何の制約もなくその店に入れるし、一時間ぐらいなら自由に見学できるものだ。

たとえあなたがその地域で顔を知られている場合でも、主通路を通ってみることに制限はないのである。

もちろん何の準備もなければ、ストア・コンパリゾンの収穫は少ないし、同時に間違った観察をする危険性も高い。しかし若干の予備知識があれば、これほどお値打ちな調査手法は他に存在しないであろう。

その調査方法を、明らかにしようとするのが本書である。

不可欠な教育単元

少なくとも一九七〇年代から、アメリカのチェーンストアでは、このストア・コンパリゾンはトレイニーに対するカリキュラムの中で、最も重要な教育単元とされてきた。

トレイニーとは、マネジャー・スペシャリストやタレント・スペシャリストの候補者を選抜するための資格試験合格者のことで、おおむね三十歳前後の人々である。言い換えれば、チェーンストア教育カリキュラムでは、技術者候補として最初の選抜をしたとたんに課される技法となっているのだ。

そこでトレイニーたちは、スペシャリスト（数値責任を負う技術者）資格試験に四十歳前後で合格するために、三十歳代を通してストア・コンパリゾンと真っ向から取り組み、その技術を習得しなければならないのである。

したがって、四十歳代になって数値責任を負うことで、チェーンストア経営システムを分業するスペシャリスト（技術者）たちは、一人残らずがこのストア・コンパリゾン技術をもっていることになる。いや、その能力のない人はスペシャリストにはなりえないということだ。つまり、それは独立した一つの技術なのである。

わが国でも店舗見学は、昔から商業経営には不可欠な情報ルートであり、調査といえばまずこのことを意味していたはずである。

にもかかわらず、その手法は個人の我流にまかせっ放しであるし、その実施日時の計画もそのつど主義の気まぐれで決められている。

学ぶことに積極的な企業では、マスコミや仕入れ先や同業研究会で新店情報を聞くと、さっそく小チームを編成して見に行くということは、しばしば行なわれている。

けれども、片々たるニュースで振り回されているので、その訪問は結局、「たいしたことはない」とか、「やはり自社のほうが上だ」と自己満足をするだけのツアーになりがちであった。

訪問先の選び方それ自体が重要な手法の一つである。そこで何を調べ、その結果をどう生かすかについては、思いつきの出たとこ勝負に終始しているのが実情ではないか。

一言で表現すれば、やっているはずのストア・コンパリゾンには、技術体系も教育対策も存在していなかったのが、わが国の実態だったのである。

ストア・コンパリゾンは、流通企業にとって自己改造の魔法の杖である。いや、正確には打ち出の小槌にしなければならぬ技法であり、なくてはならぬ教育単元である。

しかも、三十歳を過ぎて中核となるべき人々の能力のバロメーターとしても、トップ・マネジメントたちの頭脳がフレキシビリティを保持するための活性剤としても、機能するものである。

とすれば、ストア・コンパリゾンについては、技術理論の体系的な武装が最初に計画されねばならない。それも若手への適用は後の話でよいのであって、とりあえずは二〇年以上の選手、すなわち四十歳代以上の人々にまず教え込むべき手法だ。

実地視察をした直後に本人たちが作成したレポートを評価すべき人は、まず上司で、次にその上の階層の人だ。しかし大事なことは、他の関連職能に属する幹部たち、さらに、トップ・マネジメントやスタッフ職能に属する人々が目を通すことである。

実情は、せっかく見学に行っていながら、結論は個人の感想にとどまってしまった事例が大部分なのだ。それならば、会社が費用を負担し、勤務日に見学に行ったのは、むだなコストである。

いや、それ以上にまずいことは、その結論が間違った方向やトンチンカンな判断のままに個人の意識の中に沈澱してしまうことだ。それでは、学んではいけないものをまねするというヤブヘビとなってしまうのである。

ストア・コンパリゾンは、見に行くこと自体ではなくて、観察結果をいかに分析し判断にまでまとめあげたかで、成否が左右されるのである（この手順については

78ページ「三つの特性」以降を参照)。

つまり、レポートが出て、その内容を読んで初めて、ストア・コンパリゾンのお値打ちが評価されるのである。それなら、ストア・コンパリゾンでは毎回、レポート提出が義務づけられるべきだ。

もしも社用ではなくて、個人がプライベートな日時を利用して自発的にそれを行なったとしても、そのレポートの提出を本人の売込み行為として受けとめるのではなくて、素直な自己育成報告として、上司やスタッフやライン・スタッフが目を通し、意見を添えてやるべきである。

アメリカのチェーンストアでは、トレイニーをやっている約一〇年間に、このレポートの周期的提出を義務づけているところが多い。自主的なストア・コンパリゾン・レポートが一三週に一回も出ない場合は、トレイニー名簿から削除されてしまったりするのである。

当然に、レポートの書き方については、あらかじめ訓練が必要である。

日本ではまず、トップ・マネジメントの人々(取締役や理事)にこのレポート提出を義務づけたら経営改革は早まる、とさえ私は思っているのである。

2 経営戦略としてのストア・コンパリゾン

売上高規模は、商略や販売促進策といった、あの手この手で大きくなるものではない。売上高の大小格差は、総売場（フード・サービス業では店舗）面積で左右されるものだ。

と言うと、その一坪当りの売上高のほうが大事ではないか、と反論が出てくるかもしれない。けれども、フォーマット（業態類型。詳しくは281ページ「用語解説」参照）ごとに、その売場（店舗）販売効率（一坪当り年間売上高）は大きく異なるものだが、同一フォーマット内での企業間格差は通常は最大と最小で二対一から三対一の範囲だ。極端な場合でも、四対一の範囲にとどまっている。

ところが、総売場面積数のほうは、企業間であまりにも格差ができている。とすると、売上高規模の拡大に直接関わるのは総売場面積数である。言い換えれば、一坪当りの売上高（売場販売効率）をふやす努力よりも、面積のほうを確実にふやしていくことを成長への第一義に取り組んだほうがよいことになる。

すなわち直接の営業対策よりも、面積を増大できる投資対策のほうが、規模の大きさには、より多く影響を与えることがわかるだろう。

いずれの場合も、それを担当する幹部や技術者たちを育成し確保するための組織開発対策は不可欠である。しかし、営業よりも投資方法の適不適のほうが大事だとわかれば、どんな投資がよいのかを知らねばならないことになる。

適切な投資は、営業（商品部と店舗運営部と販促・業務担当など）が客数と売上高と利益高の三つの数値を楽に上げられるし、逆に、下手な投資は会社が潰れるまで関係者全員を苦しめ、しかも経営効率や成長の足を引っぱりつづけるものなのだ。

この投資対象の大部分は店づくり（SC入居を含む）であり、新店や改造・改装店の両者を指している。これに対して、コンピュータ・システムと運搬機器などの設備や、商品管理センター（トランスファー・センター〈TC〉、ディストリビューション・センター〈DC〉、プロセス・センター〈PC〉、コミッサリー。278ページ「用語解説」参照）への投資額は、合計しても総投資額の三分の一から五分の一なのである。

そうなると、いかなる店づくり、SCづくりをするかが、この投資の決め手になるわけだ。

最適の〝乗り物〟探し

以前から私は、経営戦略とは時流に乗ることであると定義し、その乗り物の選択が経営戦略の巧拙を左右すると主張してきた。事実、零細企業段階から今日のビッグストアに急速成長してきた企業のほとんどは、この私の主張に基づいて、その時点ごとに最適の乗り物へと、誰よりも早く乗り換えてきているのだ。

では、彼らはどこで、どのようにして最新の、最適の、最も効率のよい乗り物を見つけたのであろうか。

それが、本書で取りあげているストア・コンパリゾンである。その視察対象先は、国内はもとより全世界の、とくにアメリカのチェーンストアとSCだ。

私にしても、経営コンサルタントを五〇余年間やってこれたのは、ストア・コンパリゾンのおかげである。もしも私が何らかの点で、他のコンサルティング機関や個人の経営指導のプロたちよりも優れた点があるとしたら、それは私のストア・コンパリゾンの方法がより徹底し、その対象範囲がより広く、そして頻度が高いためである。決して頭脳や体力や教養や感性などの差ではないのである。

アメリカは世界で最も競争が激しく、それゆえに、かの地では常に最先端を行く経営戦略（乗り物）の事例を実物で見ることができる。だから私は渡米したあと四か月もたてば、「自分の情報はすでに遅れているのではないか」と心配になって、半年以内にはまた出かけて行くこととなる。この結果、私は一年間のうち八〇日以上は海外視察に行っている。

国内でも、延べ九〇日間近くは、店やSCを見て回っている。こうしたストア・コンパリゾンがないかぎり、自信をもって一言も断言できなくなるのである。

この乗り物、すなわち経営戦略として見学すべき内容は、次のとおりである。

▼Aグループ

① フォーマット（業態類型）
② 立地と敷地利用方法
③ 集積化（SCづくり）
④ 売場面積と敷地面積（標準型と最大と最小）
⑤ 建物構造と設備水準
⑥ それぞれのコスト（初期コストと以後の運営コスト）
⑦ 商圏（来店者の八割がいる地域）と商勢圏（店舗の展開状況）

▼Bグループ

① 部門構成と売場構成
② 品目構成
③ 価格帯
④ 重点商品

右①～④のねらい――どの部分にセグメンテーションしているのか。

⑤ プレゼンテーション（強調方法と陳列機器）
⑥ フロア構成とレイアウトの形

⑦　非商品サービスの水準とショートタイム・ショッピングへの対策

▼Cグループ

①　販売方法

②　店舗での作業システム

③　商品管理センター（TC、DC、PC、コミッサリー）の機能

④　商品と消耗品との店への届け方

⑤　コンピュータ関連システム

⑥　組織、労務、勤務、営業時間帯

⑦　現場作業訓練

それぞれのシステムの水準と特徴

▼Dグループ

その企業の

①　取締役構成

②　トップ・マネジメント層の経歴

③　経営理念

④　企業文化

⑤　成長経過

⑥　資金調達状況
⑦　各種経営効率とその変化
⑧　合併・提携状況
⑨　採用対策
⑩　教育対策
⑪　人事制度
⑫　ベンダー（取引先）の種類と取引条件と同関係の持ち方（パートナーシップの水準）
⑬　販促活動
⑭　フィランスロピィ（Philanslopy＝非営業活動による社会的貢献）とメセナ（Mesena＝芸術・文化への援助活動）
⑮　長期・中期計画など

▼Eグループ
わが社の実態を改めて調査した状況、とくに短所・弱点を明確にした資料。

これらは、いずれもストア・コンパリゾンをする際に欠かせない、事前に用意すべき資料である。

そこで、もう少しグループ別に問題点を明確にしてみよう。

経営戦略という立場で比重を分けてみると、投資の形は、Aグループについての項目でまず基本は理解できる。短時間なら、これだけをやればよい。一挙にたくさん見て回るときに不可欠な調査項目である。対象店からの拒否にも遭遇しないで、見て回れる内容なのである。

Bグループは、その技術的な項目だ。Aグループのお値打ちは、このBグループの内容で変わってくるのだ。したがってAグループ項目で対象店数を絞ってから、別に一か所当り数時間ずつをかけて調べるテーマがBグループと言えるだろう。

ただし、対象店舗が他社調査に対して敏感な企業だと、Bグループ項目の調査中に追い出されてしまうことも多くなる。したがって、調査方法に熟練した人々でないと、調査結果はいい加減なものになってしまう。そこでBグループの調査項目については、あらかじめ自社の店舗で習熟しておくという基本対策が不可欠となる。

すでにアメリカで行なわれている新しい方法は、パートタイマーだけのタスク・フォース（特別な限定テーマについて短期間編成され、調査と実験とを担当する小集団。39ページ以降参照）によるものだ。これは、商品品種ごとに調査の専門家としてパートタイマーの中から選抜し、特別に訓練し、必要な時に必要な地点に、随時投入される。彼女たちは買物客の服装で、収集すべき商品サンプルの買物をしながら調査をする。だから、相手企業側から直接文句を言われずにすむのである。

しかしCグループは、AとBとのグループをかげで支えている仕組みのことで、簡単に見えてくるものではない。

もともとその分野について、①基礎的な理論知識を身につけ、②現時点での最先端の技術情報を入手しており、③現場で見える範囲の状況から、背後にあるシステムの内容と水準とを推定できる、という能力が必要なのである。

これは、ふだんから理論と実例とに慣れ親しんでいてはじめて可能な調査項目である。それは視察レポートがゴールではないからだ。ストア・コンパリゾンの目的はもともと、良いことはわが社で採用し実行することにある。さりとて、表面だけのものまねではコスト高となって、線香花火と消えてしまう。本格的にものまねするには、背後で支えているシステムを学びとらねばならぬ。

だからCグループに挙げた各領域ごとに、わが社のシステムが変化してはじめて効果を上げたことになるのだ。とすると、このCグループについては、特別に指名された能力の高い人物が、それも複数チームで担当という方式が必要なのである。

Dグループに属する項目の大部分は、入手方法さえ考えれば入手できる情報だ。すでに発表されている資料をまず集めるわけだ。

Eグループについては、後述する（41ページ「必要なわが社資料とは」を参照）。

ところが、こうした情報資料を用意するのに大問題がある。すなわち、資料価値の選別という、かなり高度の技術が必要なのである。しかもそれは、ストア・コンパリゾンの成否を左右してしまうものなのだ。

そのためにも、別の観点から、これらの資料について述べてみよう。

第一次資料は、もちろんその企業が直接発行した印刷物である。たとえば株式公開企業なら「有価証券報告書」や「上場目論見書」（政府刊行物サービスセンターや金融庁のシステム「EDINET」または当該企業のホームページで入手）。一般には、会社案内（ベンダー向けや求人用）、求人案内、そして社内報や株主への定期配布物である。

第二次資料は、一般に販売されている資料である。たとえば、一般及び経営あるいはその業界だけの専門の新聞と雑誌など、マスコミ刊行物からのコピー。ついで、その企業について書かれた単行本や、業界及び地域別の一覧方式のリストと解説などが二次資料だ。株式投資家向けの「四季報」的な本も、初歩的資料である。

第三次資料としては、経営コンサルティング機関が発行する特別資料（私どもならペガサスクラブ機関月刊誌『経営情報』や各種セミナーテキストとJRCレポート資料集）と、調査機関（協会、金融機関、研究所など）の発行資料である。

けれども、これら一次から三次の資料価値は、情報としての質の格差があまりにもありすぎるのだ。いや、大部分は企業側（の広報担当）が意図的に流した事実もどきを、さらにセンセーショナルに誇張した叙述だといえなくもない。とくに新興勢力のトップやスタッフは不勉強なために、大変な思い違いを臆面もなく「方針」とか「抱負」として述べていることが多いのに、こちらがそれに引きずられてしまうのではヤブヘビである。

このためにストア・コンパリゾンにおいて、経営戦略として学びとるべきものを学ばないで、とんでもない部分を良い収穫としてわが社に取り入れてしまう場合も、実際には少なくないのだ。

これでは、時流に乗るための経営戦略を他社のストア・コンパリゾンから学びとろうと考えても、かえってわが社は転落への道を速めることになってしまうのである。それならば、ストア・コンパリゾンは、かえってしないほうがよかったことになる。

間違いの原因

では、どのようなことで、こうした根本的なミスが発生するのか。見に行くべき店やSCを間違えたり、まねてはいけない部分や方法をわが社に摂取してしまうのは、収集した資料を「教典」すなわち行動原則として受けとめ、その中の表現に振り回されるためである。

それは、資料の質を信じ切って、うのみにしてしまうためである。この人たちの習性として、活字になったものは信頼できるという根拠のない信仰、つまり思い込みがあるからだ。そういう意味では、日本人は意外なほど善良である。

私はかつて、一二年間も直接マスコミ業界に籍を置いていたし、その後もマスコミ関係者との接触が週一回はある。その経験からいえば、原稿を書いた記者の能力で、カラスという鳥が黒色ではなくて白色にも銀色にもなってしまうのである。

活字になったとたん、それが権威となってしまうのは、漢字の由来が象形文字であったために、文字＝真実という固定観念が東洋文化の本質にあるようだ。これに対して西欧文明を形成する文字は、エジプト古代王国時代のヒエログリフを例外とするなら、アッシリヤ文字、ギリシャ・ラテン文字と、すべて記号にすぎない。その文字で書かれた趣旨は書いた人の意見である、と受けとめられる。真実の一部ではあっても全体ではないから、それを素材の一つとして全体の真実を類推するのが慣習である。

同じ理屈で、アメリカのチェーンストア経営を勉強するときにこの種の間違いはしばしば発生している。たとえば「ゼネラル・マーチャンダイズ・ストア」というフォーマット名を、そのまま直訳すれば「何でも屋」のこととなってしまう。実態はむしろ「リミテッド・アソートメント・スペシャルティ・スーパーストア」なのに。チープとディスカウント（279〜280ページ「用語解説」参照）も、同等の「廉価」となってしまう。とくに商業経営に関する学習は、先進国である欧米に学ばねばならない以上、この種の理解の仕方が不可欠なのである。

人々が店舗見学に出かけるきっかけとなるものは、マスコミ記事が一般的である。業界紙誌の新店紹介や、各種の特集記事などである。ところがまず問題なことは、マスコミ関係者が記事にする基準とわれわれが小売業の経営を学ぶための店の選定基準とは、必ずしも一致しないということだ。

マスコミが記事にする店の条件は、第一に奇抜なアイデアに満ちた店であること。読者が面白がって読んでくれるからだ。新聞や雑誌は読者に読んでもらうことが目的だから、新奇さが必要なのだ。

だからその実験が成功するかどうかは二の次なのだ。競争相手の業界紙誌が記事にするより以前に記事にしないと新鮮さが薄れるから、どの新聞や雑誌の編集者も先を争って、その奇抜なアイデアの新店の特集記事を掲載することになる。

第二に、企業側のＰＲがそのまま記事になる場合だ。新店がオープンするつど、大手の企業側はプレス・リリースを発行する。立地の特色、店づくりの意図、工夫の数々を効能書きにして、いかに他のわが社の店と違うかを強調する。本当はチェーンらしくない話なのだ。面積や従業者数などの基礎データとともにマスコミ関係者に流すのである。

もちろん記者は独自の取材をするが、プレス・リリースの内容はどうしても記事に影響を与えることになる。

ところが企業側の戦略的意図は、プレス・リリースに書かれない場合が多い。本当に実験したいことは、派手な売込み文句の下に隠している場合が多いのだ。熟練した業界紙誌の記者でも業界内の仁義として、企業側が隠していることをことさらに書き立てるには、以後の取材がむずかしくなるから相当な勇気がいるのである。

実際の実験店は鳴り物入りで宣伝している新店ではなく、何年も前に開店した既存店の場合が多いのだ。それが、本来の科学的実験のあり方だからである。

第三に、マスコミは特別な繁盛店をしばしば取り上げる。たとえば極端な安売りで遠くからでも客が通ってくる店とか、広告がエゲツないために、客がそれを求めて列をつくるなどの場合である。

しかもマスコミが話題にしやすい店は、その繁盛店のうちでもごく特殊な、売場販売効率が異常に高い店が多い。この特殊な繁盛店は人海戦術で店舗運営をしていたり、巨大商圏店で店数を決してふやせなかったりするのである。

こうした店に共通の欠点は、その繁盛が決して長続きしないことである。一方は無理に無理を重ねた結果であり、他方は偶然のいたずらにすぎないからだ。

　このように、編集者と小売業の経営に従事する人々との興味は食い違うことを前提に、マスコミ記事を読まねばならない。

　第四に、もともと、取材者が十五年選手なら、専門分野の基本常識は業界人以上にもっているものなのだが、残念ながら第一線の記者は入社数年の未熟者が大部分だ。その記者たちが取り扱うテーマは、そのつどガラリと変わる。このため、取材先の説明をそっくりそのまま書くしかないし、実際はニュース・バリューを高めたくなって、やや誇張した原稿を書いてしまいがちである。

　第五に、困ったことに、事実報道と称しながら、素人的発想としか言いようのない記者の個人的見解を数行入れてしまうのである。見出しにするための〝客観的〟評価コトバを、上司から常に要求されるからである。

　その証拠に、前文や文末にある批評めいた文章の根拠や理由を文脈の中でたどってみれば、どこにも「なぜそう言えるのか」は書いてないのだ。

「駐車場の広さこそ大事」というSC開発を報じる見出しの本文に、総リース面積何坪当り一台という証明がない。私が別に調査してみると、その答は一〇坪で、時代遅れの施設ということになってしまう。

　なぜなら、すでに日本では三坪に一台というSCがぞくぞくと作られているからである。わざわざ視察する対象ではないのである。

現在は、一〇〇年に一度の不況期といわれ、マスコミでは連日低価格競争をあふるような報道が続いている。大手チェーンでもニューフォーマットとして低価格路線の新店を出店、その内容はいずれも製品開発品の発売である。

ここで気をつけなければならないのは、ディスカウンティングや商品開発といってもそれを立派にこなすための技術は一朝一夕にできるものではないということだ。仕入れをいかにきびしくしてみても、供給量がすぐ限界となってしまう。さらに問屋やメーカー任せの商品開発では、本当に生活者の立場に立った〝品質〟の商品はできはしない。もちろん一時的な商略としての安売りでは、無理に無理を重ねるだけで長続きできない。

一方、特殊な商略による繁盛店もマスコミの話題になりがちである。

二〇〇八年まで流行った「上質化」、「こだわり」といったスローガンは、当然に終息気味である。しかし店内の過剰装飾、マグロの解体ショーや大漁旗、大きなビニール製のバナナなどのイベント、客の目の前で調理してみせる「出来たて」「作りたて」演出など、さまざまな商略を褒め称える業界紙誌はいぜんとして多い。

こうした商略に走る店は、低価格化へのチェーンストアらしい努力を放棄しているというべきである。

一方、日本のスーパーマーケット業界に今、大流行しているのが「トレーサビリティ」という用語だ。作り手の顔を明示することで客が「安心」するという設定である。

では消費者がなぜそれで安心すると思うのだろうか。

トレーサビリティとは製品製造過程における衛生管理監視と品質維持システムの一環のことである。それだけを強調しても、消費者側が必要とする商品価値は説明されたことにはならないのである。実際には商品について事故が発生したあとに活用される行動のことであり、生産者名が明らかになったからといって、その製品が確かに「安全」であることの保証ではない。個々の商品の安全性を強調することよりも、「わが社」が客に「安心」していただけるようにいかに取り組んでいるかの「わが社の品質対策」という仕組み、つまりシステムについてを説明すべきなのである。

第二に逆に小売業者が個々の商品について客に直接アピールすべきことは、商品ごとの成分や機能についての「品質」の表示である。

一方「地産地消」というスローガンについては、マスコミはこぞって大賛成の論調である。しかし私どもは、扱うべき商品探しは「グローバル・ソーシング」であるべきと考えている。生活者へより適切な品質を適切な価格で提供するために扱い商品を世界中で探し求めることが流通業の使命であると考えるからである。日本の食料自給率とは別の次元の問題なのだ。

次にマスコミがほめることの多い「ショッピングセンター（ＳＣ）」についてである。普通は読者の気を引くために〝風変わりな〟ＳＣや、エンターテインメント・テーマパーク型や巨大すぎるＳＣをとりあげるものだ。しかもＳＣディベローパーからの「開業案内」の表現をそっくりそのままに、美辞麗句として説明している。

その中で出てくる単語が次のようなら、マユツバのＳＣと受けとめてよいだろう。入居店の主力商品が、高額品・趣味品の場合、企業側の投資コストは過大で、結局興奮させて買わせてしまうという売りつけ商法にならざるを得ない代物なのである。

その言葉とは、「文化」、「上質空間（クオリティライフスタイル）」、「高級アメニティ」、「二十一世紀の街づくり」、「癒し」、「新感覚オトナ層」。あげくのはてに「モノよりトキ」、「空間ではなく日常の上質な時間を大切な人と共有」という小売業であることの自己否定表現まで飛び出る始末である。

一方、娯楽やレクリエーション、ドウ・スポーツの施設、遊園地、テーマ・パーク付設の商業集積では、もう地主や地権者の思惑だけの金儲けアイデアの所産としか言いようがない。周辺住民の生活の利便が第一義にはなっていないためだ。

他方、対面販売やショップ・イン・ショップ（フロア内に板壁で囲って売場を小さく区分して独立させるレイアウト）の多い店は、それだけで十九世紀的思想の持ち主なのだ。

本来チェーンストアが目指すべき店づくりとは、生活者に密着した「毎日のくらし」を守るNSCやCSCの形であるべきだ。しかし日本のマスコミではそうした地味な動向はほとんど話題にならない。

マスコミが盛んに報道したとか、施工業者、とくに内装・陳列機器業者が推賞した視察先は、本来のまじめな商業者にとっては見学に値しないものである。

もっとも、どこがどのような理由でおかしいのかと、踏み絵テストの目的で見学に行く手もあるが、旅行のついででもないかぎり、時間と費用とのむだであろう。

3 ストア・コンパリゾンの準備

私は、ここまでにストア・コンパリゾンは不可欠な経営改善と改革の手段であること、しかしストア・コンパリゾンの方法には間違いが多いと説明してきた。次は正しい方法はどうなのかという問題である。

言い換えれば、計画の立て方が決め手というわけだ。準備の仕方いかんが効果を最良にもするし、逆に最悪にもしてしまうからである。

どんな視点、つまり切り口で見学するべきかは、第II部以降で詳しく説明するから、ここでは準備についての考え方を取り上げる。

この準備は、平常からの能力向上対策と、課題または対象物件ごとの直接対策の、二つに分けて考えねばならない。この二つのうち、より大事なのは前者である。前者がないと、直前にどれだけ準備を綿密にしても、視察者の見る目の水準が低いのだから成果が少ないだけではなくて、レポートの内容が正当でない時は有害な場合も起こりうるためだ。

普通、この能力向上対策は、なおざりにされやすい。なぜなら、①教育対象を絞るのが面倒で、②教育カリキュラムそのものも、会社が用意すべきものと個人の自己育成としてまかなうべきものとに分け、それぞれ段階別に体系化するのは、大変な努力がいるからである。

ところで通常の業務遂行能力の評価尺度は、職能や職位ごとに異なる職責や、その時期の重点経営課題といった、さまざまな要素の組合せで大きく変わってしまうので、それを客観的に共通に評価することは、なかなかむずかしいものだ。しかしストア・コンパリゾンのレポートでは、一人ごとの能力格差は客観的に歴然と判明するものだ。しかも彼が平常考えている、①わが社の改善と改革提案や、②五年後、一〇年後のあるべき形についての抱負まで、このストア・コンパリゾン・レポートではっきりと読みとれるという利点がある。

Aさんはx店を見て、「すごい、わが社がまったくやってないやるべきことを、ちゃんとやっている」とレポートし、同じく見学したBさんは「ちょっといいことをやっているな」と指摘し、Cさんは「たいしたことない、うちのほうが進んでいるよ」と同じ店について言うのである。この三人は蓄積された能力水準がまるっきり異なるために、同じ店を見てもこのようにレポートの内容が全然違ってしまう。

この違いは、①チェーンストアとしての基礎的な理論勉強と、②それに基づくわが社の現在の課題と、③近い将来に取り組むべき方向、の三点について知識があるか、さらに平常からその三つを区別して考究しているかどうか、で左右されているのである。

それを得させる手段は企業側が、①勉強できるチャンス（時間と費用と）を与えること、さらに、②教材と、③自己育成方法とを明示することでのみ、推進されるのである。

その補強手段として、④ストア・コンパリゾン・レポート優秀作品の印刷・配布、⑤平常の会議指導、⑥社内報、そして、⑦ストア・コンパリゾン・レポート作成直前とそのあとのレポート読了後にそれぞれ相互討論会が開かれることである。さらに、⑧ストア・コンパリゾン・レポートの一般募集コンクールも、大きな刺激となるはずである。

なお、私が主宰するチェーンストア経営研究団体ペガサスクラブが会員企業向けに開いている理論教育セミナーは、表I—1をご覧いただきたい。また、私どもが執筆した書物としては表I—2を見てほしい。他にはない体系的なものである。

この二種類の活用で、ストア・コンパリゾン・レポートの内容は一挙に向上するし、次いで実際の改善・改革にも役立つはずである。見るべき目を養うための道具だからである。

次に第二の準備条件は、対象そのものについての事前調査であるが、それにはまず調査隊の調査目的が明確であることだ。

通常この調査隊の任務を担当するためにプロジェクト・チームが編成され、その調査準備と取り組むものである。だからこのチームはその名の意味するとおり、テーマごとにそのつど臨時に編成されるものだ。

もちろんストア・コンパリゾンというビジネスは恒常的に進行されていくべき課題ないし課業であり、戦略（人・組織・教育と資金・資産対策）と経営戦略（時流に乗る乗り物対策）と戦術（個々の技術）という三つの視点は、ストア・コンパリゾンで常に取り組むべき着眼点である。しかしそれぞれの内容、すなわちストア・コンパリゾンをやるたびに、その時点で取り組むべき具体的な調査重点テーマは、そのつど少しずつ違っていなければならない。

だから、第一課題である個々の基礎的調査能力についての一般的な教育対策は行なわれていたとしても、実際のストア・コンパリゾンにあたっては、そのつど改めて、その回における特別な調査テーマを細かく項目に分けて、それぞれの切り口まで、実地調査の前に明確にしておかねばならないのだ。

いわんや、経営政策の路線変更や、リストラ（re-structuring＝人材と資産など経営構造の変革対策）や、リ・エンジニアリング（re-engineering＝プロセスの部分ごと

表Ｉ—１　ペガサスクラブ内の定型セミナー体系

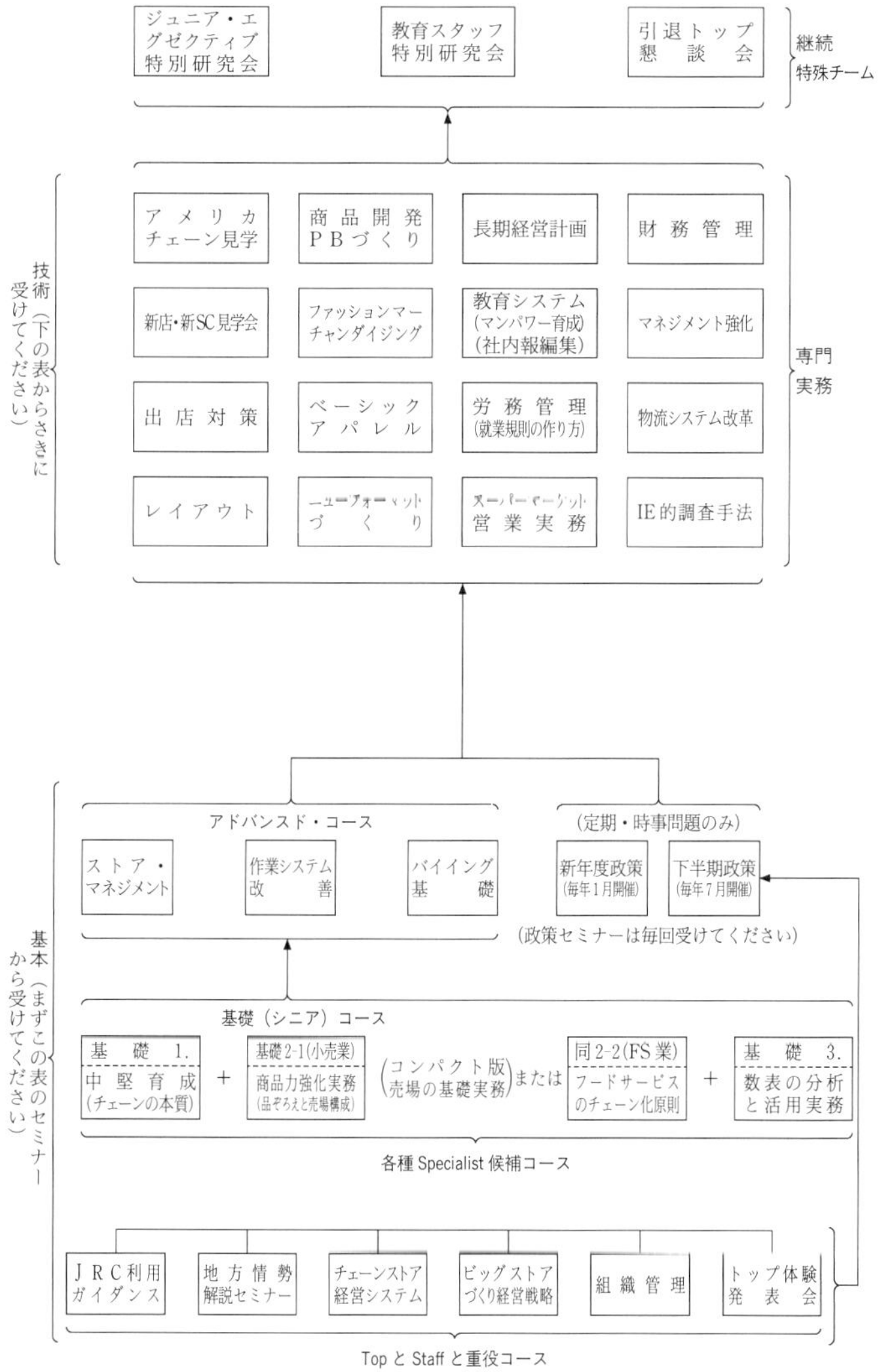
ジュニア・エグゼクティブ特別研究会
教育スタッフ特別研究会
引退トップ懇談会
継続特殊チーム
アメリカチェーン見学
商品開発PBづくり
長期経営計画
財務管理
新店・新SC見学会
ファッションマーチャンダイジング
教育システム（マンパワー育成）（社内報編集）
マネジメント強化
出店対策
ベーシックアパレル
労務管理（就業規則の作り方）
物流システム改革
レイアウト
ニューフォーマットづくり
スーパーマーケット営業実務
IE的調査手法
技術（下の表からさきに受けてください）
専門実務
アドバンスド・コース
ストア・マネジメント
作業システム改善
バイイング基礎
（定期・時事問題のみ）
新年度政策（毎年１月開催）
下半期政策（毎年７月開催）
（政策セミナーは毎回受けてください）
基礎（シニア）コース
基礎1. 中堅育成（チェーンの本質）
＋
基礎2-1(小売業) 商品力強化実務（品ぞろえと売場構成）
（コンパクト版 売場の基礎実務）または
同2-2(FS業) フードサービスのチェーン化原則
＋
基礎3. 数表の分析と活用実務
各種Specialist候補コース
基本（まずこの表のセミナーから受けてください）
JRC利用ガイダンス
地方情勢解説セミナー
チェーンストア経営システム
ビッグストアづくり経営戦略
組織管理
トップ体験発表会
TopとStaffと重役コース
（日本リテイリングセンター主催・大部分は筆者が主力講師/平成21年４月現在）

(C) チェーンストアづくり

(つづき)	(つづき)	基礎知識		ビジネス社	チェーンストアの経営●
			「チェーンストアの実務」 (全12巻のうち5巻)	実務教育出版	これからのチェーンストア経営 チェーンストアの組織づくり 商品構成の決め手 チェーン実務能力うでだめし● アメリカのチェーンストア●
		自己育成	「チェーンストアの人材」 (全5巻のうち3巻)		スタッフ● マーチャンダイザー ストアマネジャー●
		方針の提案	「チェーンストア経営」 (全4巻のうち1巻)		チェーンストアのショッピングセンター経営●
1980年代	チェーンストアへの切替え	新技術の提案	FS業	柴田書店	ズバリ直言　これからの食堂経営
		問題提起	「転換」 (全4巻のうち3巻)	実務教育出版	転換期の経営戦略 転換期のマンパワー 転換期のマーチャンダイジング
			「フードサービス業のチェーン化政策」 (全3巻)	柴田書店	フードサービス業の経営戦略 フードサービス業の商品と店舗 フードサービス業の店長と作業
		基礎	「チェーンストアマンの教養」 (全3巻のうち1巻)	ぱるす出版	チェーンストアとアメリカ社会●
1990年代	本格的チェーンストアづくりへ	技術原則	「チェーンストアの実務原則」 (続刊中)	実務教育出版	商品構成 (○) 仕入れと調達 (○) 店舗レイアウト (○) ストア・コンパリゾン(○) ● チェーンストアのマネジメント (○) 店内作業● 新訂版部門別管理●
		経営システム	「チェーンストアの新・政策」 (続刊中)		チェーンストア経営の目的と現状 全訂チェーンストア経営の原則と展望 (○) チェーンストア能力開発の原則 (○) チェーンストア出店とSCづくり (○) ディスカウンティング (○)
2000年代		業態別展開	「FS業」	柴田書店	1990年代の食堂経営Ⅰ、Ⅱ 外食業王道の経営　上　経営戦略編 (○) 下　ノウハウ編 (○)
			「生協」	コープ出版	生協店舗現論 生協バイヤーのバイイングの基礎技術
			「SM」	商業界	SSMに軌道をとれ (○)
		理念		実務教育出版	21世紀のチェーンストア (○)
		軌道		ダイヤモンド社	流通革命の真実 (○) チェーンストア組織の基本 (○)

◇他にも単発で中小企業診断協会、有紀書房、同文館、有斐閣、ビジネス教育出版、講談社などから出版されている。

表I―2　渥美俊一とそのグループ著書の歴史的発展　●印は共著，（○）は現在販売中

(A)商業の原点

発表時期	ねらい		シリーズ名	出版社	書　　名
1959〜1960	原点	本商人 （ほんあきんど）		中小企業診断協会	経営のヒント60
			「儲けるから儲かるへ」	池田書店	実例による解説　もうかる商店経営 新しい商店　儲かる商店
1959〜82のものを1997・98に再編集したもの		商業経営の精神論と技術総論	「渥美俊一選集」 （全5巻）	商業界	1巻　繁盛への道（○） 2巻　成長への道（○） 3巻　経営戦略への道（○） 4巻　科学的経営への道（○） 5巻　チェーン化への道（○）
1988					商業経営の精神と技術（○）

(B)ビッグストアづくり

1959	ビッグストアづくり	夢の提案		中小企業診断協会	小売商業の近代化● （日本の小売商業革命の展望）
1960年代				文化社	日本のスーパーマーケット●
			「大量販売」 （全5巻）		大量販売の基礎条件 大量販売の戦略● 大量販売の技術 急速成長企業の戦略 体質改善の戦略
				商業界	時流にのる商店経営
			「食堂ビッグ化」	柴田書店	食堂経営入門 食堂の経営戦略
		基礎	「ビッグストアへの道」 （全11巻のうち10巻）	ビジネス社	小売業成長の秘密 マーチャンダイザー入門 店づくりの新戦略● これからのスーパーマーケティング● ストア　マネジャー入門● 商品スタッフの新機能● これからの店員の基礎知識● ショッピングセンターの経営● 商店経営の組織づくり 小売業はどうなるか●
1970年代	チェーンストアの準備	政策		ダイヤモンド社	商店経営に強くなる事典
			「流通の戦略」 （全8巻のうち5巻）		マス　マーチャンダイジング ショッピングセンター● マンパワー　ディベロプメント● チェーンストア　マネジメント（組織と管理）● チェーンストア　エイジ●
		原則		商業界	小から大への成長法則（○）

に不合理をなくす変革対策）を実行するためのストア・コンパリゾンならなおさら、問題点を絞り込み、時には拡大して、事前に課題と方向（路線）とを明確にしておかねばならないのである。

本当はその結果として、調査対象物件もその後で決まってくるものでなければならないはずなのである。

ところが現実には、その過程がまったく逆になることが多い。

たとえば、複数のマスコミがとりあげた新店や新ＳＣを、とにかく「話題になっているから」と見学に行ってしまう。そのあとで経営マスコミに掲載されたレポートを読み、「なるほど、これはニュー・アイデアだ」として、自社で見てくれだけまねしてしまうことが多いのではないだろうか。

このために、私が企業側から頼まれて現場診断に行き、「これはとんでもない、ばかげたことをやっている」と攻撃した結果、担当者が左遷され、その企業では今後絶対にそうしてはいけないとマニュアルにもなった例がある。ところが一年後にはそれと同じミスを全国あちこちで他の企業がごていねいにやってしまっており、尋ねてみると、「あの評判のよいｘ社がなさっているのを参考にして」と言うのだ。これでは、ストア・コンパリゾン・イコール悪しきものまねツアーである。

こうしたバカげたことが頻発しているのは、準備段階が欠如しているためである。言い換えれば、問題意識と特別なメガネを用意して行かなかったからである。けれども世の中には、「色メガネで見ない、何の先入観もなく、素直にあるがままを見てくる」のが正しい見学だと信じている人々は、意外に多いようだ。耳にはさんだかぎりではいかにも正当だが、事実は準備が面倒だからというだけの、怠慢への弁解にすぎないのだ。

ストア・コンパリゾンを年課（年中行事）として中堅（とくに三十歳代の人々）に義務づけることは、欧米の大チェーンがことごとくやっていることだ。その際にも、「今回の」ストア・コンパリゾンでは、とくにこの部分を、この角度でやれ、そのための材料はこれだ、という指示が毎回行なわれているのだ。ただしこの場合も、毎回同じテーマで、同じ尺度での調査が、同時に命令されているのはもちろんのことだ。

調査隊の編成

このプロジェクト・チームは、チェーンストアの組織論どおりに、委員会とタスク・フォース（臨時編成の若手精鋭グループ）の二つの部隊で構成される。

委員会の委員は部長・室長級と一部の課長で計五〜七人、うち委員長には専務または常務級が就任する。任務は、①ストア・コンパリゾンの企画案についてその方針や方法の是非を検討し、②調査後のレポートについて評価し、企業としての改善と改革案として成果をまとめることだ。

委員会の幹事（プロジェクト事務局長）は、スタッフまたはラインスタッフ（いずれもトップ直属が必要）に属する職位の人（四十歳代または五十歳代）で、①委員会への提出書類の準備と、②実際の調査を行なうタスク・フォースの編成と指揮と、③レポートのまとめとを担当する。

このタスク・フォースも二種類あって、一つ目は、①資料収集と、②そのまとめと、③実地調査もやる少数の人、二つ目は調査だけをする大部分の人々、というわけだ。

わが国では、偉い人一人が言い出しっぺで、何人かが調査に行き、分担も立ち話で打ち合わせただけという、いいかげんな形が多い。方針や着眼点も資料準備も個々の人々に一任だから、役に立ちそうなレポートを出すのは一人か二人になってしまう。しかもその結論は、今後の心がけ論に終わりがちであろう。

このプロジェクト・チームの中で、いちばん大事なのは幹事の選任であり、同時にその幹事が臨時に手足として使う資料準備係の選抜である。これによって、ストア・コンパリゾンの収穫は一挙に大きく増減してしまうからである。

したがって、このストア・コンパリゾンの準備段階における資料準備という作業担当者は、組織図上の調査課に所属する人であるべきだが、流通業ではよほどの大企業でないかぎり、そもそもそういう調査セクションが存在しない。あっても、左遷コースの職場になっている。

名称だけからいえば「情報（システム）室」が該当するが、システムは外部に丸投げで、実際は数表を増産しているにすぎない。

そこで社長室、経営企画室が登場することになるが、これもまた現状では社長特命事項の交渉係に終始していることが多い人たちだ。おまけにはるか昔に商品部や店舗運営をやったことがあるだけで、今日の営業実態については鈍感で時勢遅れが目立つのである。

だからこそ、この資料準備メンバーは臨時に編成されるべきなのだ。右に述べた欠陥をもたない三十歳代の精鋭候補を全職場から引き抜いて、一週間か二週間、幹事役が使いこなすのである。幹事が本来の職務上からもっている部下は、この任務を遂行するのには、不適切という場合が多いことも理由の一つだ。

必要なわが社資料とは

準備すべき資料は、第一にわが社の現状、とくに弱点や欠陥に関するものだ。第二は、それを克服するのにモデルとすべき企業と店舗とについての材料である。第三は、実際の調査にあたって使うべき道具である。

表Ⅰ―3　主要経営効率公式　　　　　　　（平成21年7月改訂）

番号	効率項目	単位	計　算　公　式
1	総資本経常利益率	%	年経常利益高÷総資本×100
2	総資本回転率	回	年営業収入÷総資本 〔営業収入＝総売上高（純小売売上高＋卸売上高）＋その他リース料などの営業収入〕
3	営業収入経常利益率	%	年経常利益高÷年営業収入×100
4	営業収入営業利益率	%	年営業利益高÷年営業収入×100 〔営業利益高＝営業収入－売上原価－（販売費＋一般管理費）〕 〔売上原価＝期首商品棚卸高＋当期商品仕入高－期末商品棚卸高〕
5	1株当り純利益高 （1株＝額面50円）	円	当期（年）純利益高÷株式総数
6	支払金利率 〈上場企業の場合は自己資本当期純利益率〉	%	年間支払利息÷年間平均（短期借入＋長期借入＋社債）×100 〈当期純利益高÷自己資本〔純資産の部合計〕×100〉
7	自己資本構成比率	%	自己資本÷総資本×100
8	インタレスト・カバレッジ	倍	年間（営業利益＋受取利息＋受取配当金）÷（支払利息＋社債利息）
9	総売上高増加率	%	当期総売上高÷前期総売上高×100－100〔総売上高＝純小売売上高＋卸売上高〕
10	経常利益高増加率	%	当期経常利益高÷前期経常利益高×100－100
11	総売上高総利益率 〔荒利益率〕	%	年売上総利益高〔年荒利益高〕÷年総売上高×100 〔売上総利益＝総売上高－売上原価〕
12	売場販売効率	万円	年純小売売上高÷年間平均総売場面積（坪）
13	商品回転率 〔棚卸資産回転率〕	回	年売上原価÷年間平均原価棚卸額 〔原価棚卸額＝商品＋材料＋仕掛品〕
14	販売資産回転率	回	年売上原価÷年間平均（売掛金＋受取手形＋原価棚卸額）
15	支払勘定回転率	回	年仕入高÷年間平均（支払手形＋買掛金）
16	回転差資金	百万円	$\frac{\text{年売上原価}}{365}\times\left(\frac{365}{(\text{支払勘定回転率})}-\frac{365}{(\text{販売資産回転率})}\right)$
17	利潤分配率	%	年経常利益高÷年売上総利益高×100 （店段階は営業利益高）

18	労働分配率 〈上場企業の場合は賃金分配率〉	%	年総人件費÷年売上総利益高×100〔総人件費＝役員報酬，従業員給料・手当，従業員賞与，同引当繰入れ，福利厚生費，求人費，退職金，同引当繰入れ，訓練費〕 〈〔従業員給料手当＋従業員賞与＋役員報酬〕÷年売上総利益高×100〉
19	不動産費分配率	%	不動産に係る｛(保証金・権利金・敷金および土地・建物)×0.08＋年賃借料・共益費＋償却費｝÷年売上総利益高×100
20	販促分配率	%	年販促費÷年売上総利益高×100〔販促費＝広告宣伝費、POP広告費、包装紙と包装袋代、屋外看板、ポイント、下取り・リベート費、原価われ分など〕
21	労働生産性	万円	年売上総利益高÷年間平均従業者数〔年間平均従業者数＝1人2,000時間として換算〕
22	従業者1人当りの売場面積	坪	年間平均総売場面積(坪)÷年間平均従業者数
23	従業者1人当り平均人件費 〈上場企業の場合は従業員1人当り平均賃金〉	万円	年総人件費÷年間平均従業者数 〈〔従業者給料手当＋従業者賞与＋役員報酬〕÷（期末社員数＋年間平均パート・アルバイト数)〉
24	坪当り営業利益高	万円	当期営業利益高÷年間平均総売場面積(坪)
25	坪当り在庫高	万円	年間平均原価棚卸額または年間平均売価棚卸額÷年間平均総売場面積(坪)
26	損益分岐点売上高比率	%	固定費÷｛1－（変動費÷総売上高)｝÷総売上高×100 〔変動費＝売上原価など，売上高の増減に比例して変化する費用－（営業外収益中の仕入割引＋販促協力金)〕 〔固定費＝変動費以外の費用－（営業外収益中の受取利息＋受取配当金＋雑収入＋受取家賃＋協賛金収入)〕

次ページの〔註〕を参照。

表Ⅰ—4　主要経営効率公式

（フード・サービス業と第4次産業のみの特殊公式）

番号	効率項目	単位	計算公式
12’	店舗面積1坪当り販売効率	万円	年純売上高÷年間平均総店舗面積(坪)
18’	労働分配率	%	年総人件費〔人件費＋製造原価明細書上の労務費〕÷年荒加工高×100〔年荒加工高＝売上高－材料費－商品の売上原価〕
	〈上場企業の場合は賃金分配率〉		(従業者給料手当＋従業者賞与＋役員報酬＋製造原価明細書上の労務費)÷年荒加工高×100
21’	労働生産性	万円	年荒加工高÷年間平均従業者数〔製造原価方式をとらない企業は荒加工高を年売上総利益高とする〕
22’	従業者1人当り店舗面積	坪	年間平均総店舗面積(坪)÷年間平均従業者数
24’	坪当り営業利益高	万円	当期営業利益高÷年間平均総店舗面積(坪)
25’	坪当り在庫高	万円	年間平均原価棚卸額又は年間平均売価棚卸額÷年間平均総店舗面積(坪)

〔註〕平均＝［期首繰越額（数）＋期末繰越額（数）］÷2

◇　最も重要な収益性

(1)　ROA＝return on assets
　総資本（総資産）対経常利益率（%）
　〈アメリカでは純利益率〉

(2)　ROI＝return on investment
　投下資本利益率（%）

(3)　ROE＝return on equity
　自己資本対当期純利益率（%）

(4)　EPS＝earnings per share
　発行株式1株当り当期純利益高（円）

(5)　PER＝price earnings ratio
　発行株式1株当り純益高対発行株式1株当りの時価価格

第一から説明していくことにしよう。わが社のまずい部分については、まず経営効率表が問題になる(数表モデルは表I—3および4参照)。

この中で、とくにだめな効率項目とその原因と推定できる経営効率の部分だけを抜きとって簡略数表に作り変える。次いで、その効率項目ごとに、わが社の別の事業部門や店単位でよりよいものとより悪いものとの実例も付け加えるのである。

二つ目の準備すべき資料は、それらの推定できた原因を、実際にわが社の現場で現物や当事者に対して実地に調査し、原因となった事実と事情とを確かめる。そうすれば、わが社の制度や慣習そのものがいかにおかしいかがわかる。

この場合に間違いやすいのは、原因を担当者の怠惰や無知によるものだと決めつけてしまうことだ。事実は、命令が出ていない、教わっていない、時間がない(他に優先することが義務づけられている)、部下が不足、予算がないなどが、本当の原因だったという場合が多いのである。問題の解明には、なぜそうした制度上の不都合が放置されていたかというほうに比重をかけるべきだ。

できない原因の大部分は、「○○が知らされていなかったため」なのだ。その知らされていなかった○○を見つけ、さらに担当者に理解させることによって、わが社でも合理的で前向きな行動ができるようにするための起爆剤ないしは触媒の役割を果たすのが、このストア・コンパリゾンなのである。

準備すべき資料の三つ目は、これらのまずい部分を形成している実際の店舗現場の図形である。

まず、①わが社店舗の分布を地図上に書き込んだもの。当然に、競合店のすべてが同じ地図に記入されていることだ。開業または改造年月と、面積と、推定年商と同投資額も、記入してほしい項目だ。

次に、②敷地ごとの建物分布図（正確には敷地利用状況図）。さらに、③SCならキイ・テナントとサブ・テナントの店名・社名・フォーマット・面積一覧表も、付表として必要だ。そして、④わが社の店舗レイアウト図（なるべくなら後方レイアウトも）である。

さらに、⑤わが社の問題とすべき商品部門の品種ごとの商品構成グラフ（64ページ）、⑥品種ごとの品揃え特性（文章表現ではなくてマトリックス型の図形表現した）表。

なぜこんなものがいるのだと思う人が多いだろうが、ストア・コンパリゾンの直訳は「店舗比較」なのだと思い起こしてほしい。「見れども見えず」になる第一原因は、わが社の実態と思い込んでいることがほとんどの場合、印象による記憶にすぎないからだ。覚えているようで意外にわが社の実態をタナあげしたまま、他社他店の批評をしていることが多いためだ。

この点では、アメリカのチェーンストアの視察でも同じことが言える。わが社の事実を記した書類を現地に持参して、初めて比較による見学が意味をもってくるのである。

対象は新店ではない

こうした基礎準備のあと、いよいよ調査対象の選択に入ることとなる。繰り返すが、問題意識すなわち課題が先にあって、そのあとでストア・コンパリゾンの対象物件を決めるのである。

この手順を間違えた視察は、アメリカ視察でとくに顕著である。「とにかくアメリカを見るのだ」として、アメリカの店をいろいろと見て回る。テーマなしだから見るのはさまざまで、結論は「世の中は多様化時代」となり、珍奇なものだけを観光してきたのみということになってしまうのだ。

視察や調査は、あくまで見学でなければならぬ。それには、テーマを絞って、そのテーマにふさわしい対象を選び出し、そこに焦点をおいて時間をかけ、かつ繰り返し見なければならないはずである。

アメリカのスーパー・スーパーマーケット（SSM）なら、最高のモデルとして①セーフウェイ（Safeway）とその同系列の店と、②ウォルマート・ネバフッド・マーケット（Wal-Mart Neighbourhood Market）とを、毎回一～三時間ずつかけて計三回は訪れるべきだ。それも、二〇～一五年前の店と、一〇～五年前にできた店と、そして新店とをである。

こうすると、何が全店で共通に行なわれているかがわかる。ところが、新店だけを見ていると、どの部分がオーソドックスな、われわれがそっくりまねすべきところなのか、わかりっこないのだ。新店を見て何かがわかるのは、それまで長年にわたってずっとその企業の店を見つづけた人だけである。

国内のストア・コンパリゾンでも同じである。それなのに人々は、なぜ新店や新SCばかりを見に行くのであろうか。いわんや、新規開業したばかりの店を見て何が得られるのか。もっと言えば、開店大売出し中に行ってどうしようというのか、と問いただしたいのだ。

開業方法を見るのなら、開業の一週間前と、二日前、前日、当日、そして二日目、三日目、五日目と、計画的にマークすべきである。いや本当は、一年前から三か月ごとに、工事と開業との進め方を、現地で調べるべきではないのか。

一〇年経過の店こそ

ちなみに、アメリカでマークすべきSCについては、私は開業二年前から半年ごとに現地をのぞいている。しかし、開店したら、一か月後と半年ないし一年後にマークする。開業直後に何度訪ねても効果は低いのである。

日本では、特別に他の必要性がないかぎりは、新店は開店したあと、一か月以上あと、普通三か月後に見にいくのが、あるべき形である。そうすれば、開店時のアイデアの修正があり、今後継続していく形が読みとれるのである。

だから、ストア・コンパリゾンは本来、新店ではなくて、数年たった店舗を対象にするべきなのである。

アイデアは、見学しても、むしろ有害なことが多い。それよりも、既存店で共通しているやり方こそ、学ぶべきことなのだ。このため、開店して一〇年以上たった店で必ず行なわれていることが、対象企業の本命のやり方と受けとめるべきだ。ただし、流通業ではスーパーストア化（面積の拡大）が進行中なので、古くても面積の大きいところだけをマークしたい。それは、作業システムと部門組合せの見学のための要件であるからだ。反面、品揃えそのものなら、小型店のほうがその企業がよりベーシックと考えている品目を調べやすいと考えねばならない。

店舗開発調整だけは、どうしても新店と新ＳＣが見学対象となるけれども、それならば、他社の新規開発物件と並行して見て比較してみることでなければ間違いが起こりやすい。

一か所見ただけで、こういう新しい傾向があるなどと判断している人に、しばしばお目にかかる。質問してみると、経営誌に書いてあったから、そのモデルとして一つだけ見て信じてしまったのが真相である。こうした安易な判断を根拠にわが社の新物件が開発されると、のちに店がスクラップされるまで、店長と地区長と商品部が苦しめられつづけるのである。店舗開発についてのストア・コンパリゾンの結果は、他のどの経営課題よりも、わが社の今後の栄枯盛衰を左右してしまうのだ。より深く、より広い資料準備が必要なゆえんなのである。

次は、見学に行く他社物件についての情報集積の大事さである。その第一条件は、企業のフォーマットと規模（店数・年商規模）だけではなくて、規模の拡大経過（成長実績）と最近の経営効率とが、ぜひとも必要である。

一般にはそのフォーマット内での売上高一位とかx位、業界内の評判などでランクづけをして見るときの尺度にするようだが、これでは危険な色メガネをかけて見ることとなる。というのは、業界内の大規模企業ほど収益性において低迷業績となっている確率は高いし、業界で話題となっている新興企業ほど、在庫高増大、商品回転率低下傾向による資金繰り圧迫、むりな販促、坪当り投資額過大による新店の総資本回転率下降中、といったマイナス傾向が起こりやすいからだ。

平成年代初期にマスコミが盛んに取りあげた土・日曜のみ営業屋や、〝激安〟をスローガンとしたディスカウント・ハウス（DH。280ページ「用語解説」参照）が劣品質の高価格販売だったり、在庫過大であったり、売場販売効率が年間計算では意外に少なかったりする。そこで、経営効率を項目別に一つずつ評価をして、経営能力を確かめたうえで、実地調査に行かなければならないのだ。

この件については、少なくとも株式公開企業については、各地にある政府刊行物サービスセンターで各社ごと、年度ごとの「有価証券報告書」を入手できる。毎年夏になると、それに基づく企業の経営効率表が経営誌に解説付きで掲載される。私どもも毎年そのころに、流通業だけで約三〇〇社の歴年比較をして発表し、指導下のペガサスクラブ会員企業には無料で配布している。このほか、調査研究機関が発行している一冊二万～一〇万円の資料もある。

以前は、右の有価証券報告書が手もとにあると、物件ごとの正しい敷地、建坪、それへの投資額、さらにテナントからとった保証金・敷金額とそのリース面積数も記載されていたので、坪当りの金額を算出できた。わが社がそのSC出店をした時の投資額（保証金と敷金額）が平均値とどう離れているか、これからSCでの出店代替りを狙うときにも、目安となったわけだが、今は記載されないので、こういった情報は業界紙誌、名鑑などから入手することになる。

アメリカだと、上場企業なら、〝アニュアル・レポート（年次決算書）〟に店のフォーマット別分布と、過去五～一〇年間の数値変化も、さらにこの一年間の重点政策も具体的に記載されていて、見学に無比の資料となるわけだ。また非上場でもインターネット上のホームページでかなり詳細な数字も入手可能である。

これらを簡略化して一括してまとめた本も年一回、小売業なら"*Chain Store Age*"、"*Drug Store News*"、"*Home Channel News*"が、また、フード・サービス業なら"*Nation's Restaurant News*"がLebhar-Friedman Inc., 425 Park Ave., New York, NY10022 (212) 756-5000から発行されている。

調査対象について集めるべき第二の資料は、その物件そのものについてのものである。一年以上前の開発物件は、先の有価証券報告書にも記載されている。

このための手っとり早い方法は、業界紙誌に掲載された店やSCについてのレポートである。しかし最近は、コンピュータ関係とか設備機器、エンジニアリング方面の専門化した業界紙誌がふえてきているので、これも含めて最近の一か年分の目次には一通り目を通すべきである。

その点では、社内のいずれかにこうした定期刊行物の集積室が必要ということになる。その際、それら刊行物の中の「短信」とか「トピックス」といった小さい欄に、意外と有効なニュースやコメントが含まれているので、それも見落とせない材料である。

わが国では、立地法適用物件について地域ごとに出店状況を網羅し整理された分

危険な活字化資料

厚い資料集が何種類か出ているし、都道府県別の社会的特性や経済的特性を示す資料が、全国一本化した形で発行されている。これも、基礎資料の一つである。

しかしこれらは、私からすれば間接資料である。ヒントは提供してくれても、ストーリーや論理は抽出しにくいのである。

とくに業界紙誌が新しく紹介した物件は、多くの場合、相手方つまり物件を店やSCとしてお目見えさせた当事者側の我田引水的なパブリシティに基づいて表現されている。つまり、相手（大手なら本部広報担当）が提示した効能書きを、そのまま文章化しているのが大部分なのだ。

それぞれの編集部としては、称賛をするとしても（ネタがないときはきわめて部分的なノウハウをわざわざクローズアップするだけで）、先に述べたように本当の批評の掲載は、紙誌の販売政策上不可能なのである。以後の取材ができなくなることを恐れるからだ。もっとも、実態は取材者がその道に未熟で、発表どおりに書くしか能がないことも多いのである。この点は、大新聞の記者でも同様だ。

そこで良心的なマスコミは、経営コンサルタントや外部のレポーターや時には学者を起用して、ちょっぴりひねりのあるレポートを書かせる。しかし業界の実態や流れを知悉するのは、どこでも二十年〜三十年選手の編集長級だけだから、執筆者の当てずっぽうないし願望から、ことさらにするコメントが見出しになってしまいがちである。つまり、ひとりよがりの言説なのだ。

ちなみに私の属する日本リテイリングセンター内の経営コンサルタントの間では、新しい話題を呼ぶ物件については、あらかじめ私自身が実地調査をし、コメントの角度について相互討論をしてから外部に発表するように努めている。

だから、そうした活字誌面のコピーを与えただけで「店を見てこい」と言っても、収穫は枝葉末節の部分だけとなる。いわんや、その企業のめざす経営政策や経営システムについての見学にとっては、むしろ有害情報にまでなることが多い。

だから、ストア・コンパリゾンに際しては、自社でこれらの間接資料を素材の一部として、ゼロから作り直すことが望まれる。言い換えれば、対象企業と対象物件とについて、新しくわが社独自の資料集を編集することが望ましいのである。

このためにこそ、先述したとおり資料準備係がそのつど活動する必要がある。この係は、決してコピー屋であってはならない。営業政策についての造詣が深くないといけないわけである。

表I—5は、私どもがいつも作っている基礎資料のうちのまず総括表である。表I—6はそれに続く各論の資料項目で、一物件当りA4判かB5判で七～一〇ページ分は必要となるわけだ。

いずれも全項目について記入あるいは作図するためには、一度は複数の人員で事前の実地調査がいることになる。面倒がってはいけない。ストア・コンパリゾンもまた、準備の手順が成果を左右するからである。

トップ・マネジメントがストア・コンパリゾンをやる際には、いかに緊急でもこの程度の調査材料の編集作業は欠かせない。なぜなら、彼ら大幹部が行なうストア・コンパリゾンこそ、わが社の改革や将来の転換内容まで大影響を与えるからだ。準備に費用と時間とをかける値打ちは十分にあるのだ。

4 参加者と当日の行動

ストア・コンパリゾンに参加する人は、あらかじめ次の四種類に区分しなければならない。

第一のグループは、トップ・マネジメントに属する人々である。今日、わが国のビッグストア企業の過半数は、そのトップを私がこの種のストア・コンパリゾン手法に誘導したことが契機となって成長への一途をたどった、と断言できるだろう。

表Ⅰ—5　調査対象物件総括表（日本リテイリングセンター方式）

A．SC

SC名		TEL			
開業	平成　年　月　日	型			
Developer と Owner 名		モール Mgr 名			
所在地					
もより駅					
敷地面積	坪	建物延面積	坪	リース面積	坪
核店名		核店以外のテナント合計数	店		
モール形式		フロア数	フロア		
商圏人口	万人	定休日		通常の営業時間帯	時から　時まで
SCへの総客数	平日・1日平均　万人、日曜日　万人				
駐車台数総計	台（平地　台、屋上　台）				
1台当り延リース面積	坪	日曜日の来店駐車延台数	台		
土地の所有者		核店建物の所有者		開発前の土地用途	
1坪当り地価	開店前年　万円、開店後　万円	SC建物延面積坪当り建築費（内装・什器を含む）	万円		
年売上高予想	約　億円	Developer側の総投資額	億円	不動産投資回転率予想	回転

B．店舗

店舗名		TEL		店長名	
開店	平成　年　月　日	として　号店			
売場面積	坪	核以外のテナント合計	坪		
商圏人口	1次(車5分)　万人、2次(車10分)　万人、3次(車15分)　万人				
来店客数	平日・1日平均　人、日曜日　人				
従業者数	社員男　人、女　人、パート・アルバイト(8時間換算)　人/計　人	週40H換算1人売場面積	坪	社員1人売場面積	坪
天井高	m	店内通路幅	（主）　m、（副）　m		
年売上高予想	約　億円	総投資額	億円	不動産投資回転率予想	回転

C．会社概要

会　社　名		社長名	
本部所在地			
払込済資本金	億円	創　業　年	年
店　舗　数	店(平　年　月末現在)	総売場面積	坪
営業収入	億円(平　年　月期)	総従業者数	人 (パートは8時間換算)

表Ⅰ—6　ストアコンパリゾンの調査直接材料

① 対象物件の基礎データ
(ニュースリリース、業界紙誌、各種出店状況資料から)

② 敷地内見取図（建物配置図）

③ 店舗内レイアウト図

④ 対象企業（またはSC）の経営上の特性
(文章と数値で表現)

⑤ アクセスの交通手段と道順見取図

⑥ その店舗（またはSC）の特性

⑦ わが社としての着眼点とその理由

⑧ 調査者ごとの職務上の着眼点とその理由

経営理論を部分的につまみ食いしても、とうてい実行は不可能である。チェーンストアの経験法則について、理論を体系的に学ぶことは、成長への第一教科課程である。

しかし繰り返して言うが、習得した理論を断行にまで踏み切れるチャンスが必要で、それがこのストア・コンパリゾンなのである。

なかでも、フォーマットの乗換えと、価格帯と立地と店舗面積という決定的な経営戦略条件の転換は、頭で考えているかぎり、常に絵に描いた餅に等しいのだ。実物を見て初めて、感動→共鳴→決断→実行と変化していくものなのだ。

したがって企業としては、この第一グループのストア・コンパリゾンは、年一〜二回は、年課として必ず想定すべき行事なのである。全員が同時に行かなくても、交替に数人ずつがなるべく短期間に集中して、同じ物件を見学することである。それこそ、取締役会や理事会でのコンセンサスを構成する基盤づくりのチャンスである。営業関係の取締役や理事だけでは困るのだ。

もちろん、地球上で最も変化の激しいアメリカのチェーンストア事情視察は、トップ・マネジメントの全員が、二〜三年ごとに一回は実行するべきであろう。

第二のグループは、トップの意思決定に基づいて新たに挑戦すべきプロジェクトを起案し、かつ実験するメンバーである。

この種のテーマは売場づくりや建物構造に偏りがちだが、任務は絞るにしても、そのつどの内容を一年間分並べてみて、経営の全領域に及んでいるべきである。

試みに、過去一年間に会社の費用で行なわれた貴社のストア・コンパリゾンの実施状況を回顧してみよう。その際の課題はごく一部に偏り、あるいは常に漠然としているのではないだろうか。これでは「拾い物があれば幸い」といった程度の、むだな調査に終わっている証明だ。アメリカ視察も、まったく同じである。

この第二メンバーは、ストア・コンパリゾン実行に行く前に、少なくとも二回は事前の準備ミーティングが不可欠である。会合前に配布された資料を数日かけて熟読し、問題点を各人が書き出して、それについての討論をする。最後に、補足すべき準備資料を用意する当番と当日の役割分担とを決めるのである。

義務としての二グループ

三番目のグループは、教育課程の一単元として扱われるべきものだ。三十歳代の、なるべくならば三十歳前後に実施されるトレイニー（スペシャリスト候補者として経験＝O-JTと知識＝Off-JTとの特別教育カリキュラムの対象者）資格試験の合格者が適切だ。このグループの中でストア・コンパリゾンのレポート内容が繰り返し優秀だった者は、二番目のプロジェクト・チームの中の調査タスク・フォースとして選抜されるのである。

これとは別に、本部の部・室・課・係長級、店舗運営側の売場長も、教育カリキュラムとしてストア・コンパリゾンの実行とレポート提出は、むしろ季題（年四回）として義務づけられねばならぬ。それはまた、埋もれた能力を発掘する絶好のチャンスでもあるわけだ。

こうした点から、能力開発（組織開発）担当スタッフは、ストア・コンパリゾンについて制度化の推進役であってほしいのである。

四つ目は、日常職務として取り組むべき職位のグループだ。店舗開発、商品部のマーチャンダイザーやバイヤー、営業企画担当とストア・マネジメント担当（店長や同次長、数店を一括マネジメントするスーパー・インテンデントやエイリア・マネジャー〈地区長〉たち）である。

これらは、ストア・コンパリゾンがむしろ月課または週課の形の職務の一つであるべきだ。アメリカのチェーンでは当然とされているけれども、わが国では本人の心がけにまかされているのは、まことに解せないことなのである。

これら第三、第四のグループについては、日ごろから社内報でノウハウを説明し、通達の形で毎月ストア・コンパリゾン資料を配布してほしい。ただし絶対に必要なことは、マスコミの活字ページコピーではなくて、わが社としての着眼点が明示された資料であることだ。

いよいよストア・コンパリゾンの当日となって最大の行動原則は、相手の企業や店やSC側の人に発見され抗議されたり、追い出されたりしないことである。

売場通路内での立ち止まっての写真撮影や写生やメモとりは、確実に追出しを受けるし、たび重なると世間に言いふらされて、わが社の信用を落としてしまう。いや、万引き団のように二度と訪問できなくなることもありがちだ。

それゆえに、私どもが主催するストア・コンパリゾンでは、表Ⅰ―7のような励行事項を訪問前に徹底させている。内容を読めば、これでは収穫が少ないのではないかと思われるだろう。だから、次の条件設定が事前に必要なのである。

(1) 最小限に絞った店内持込資料（普通小型のレイアウト図のみ）とめだたない服装の二つ（表Ⅰ―7の①と②とは絶対条件）。さらに、セルフサービスならカートやカゴを持つこと。対面・側面販売なら、バッグか紙袋を持参のこと。

(2) 同一店に同時刻に入店するのは三人以内とし、あらかじめ時間割を厳密に作成する（他の人は別の店を訪問していること）。

(3) 店内でのメモとりは最小限とする。つぶやきを自分の胸でマイクで受けとめ、本体はポケットに入れられるような超小型携帯録音機を活用するか、何度も店に出入りして、そのつど若干の買物をしながら外へ出るたびにメモを作ること。作図の場合も同じ。

表Ⅰ—7　店舗見学の励行事項

①	めだたない服装（客と同様、スーツとネクタイ姿は不可）。
②	店内持込資料は最少限に（資料の内容はあらかじめ頭にたたき込んでおく）。
③	同一店に同時刻に入店するのは3人以内とする。 他の人は他店の調査を分担し、途中で入れ替ることも計画する。
④	店内では1人で行動する。
⑤	セルフサービスならカートやカゴを持つ。
⑥	店内でのメモとりは最少限に。
⑦	店内の撮影はしない（エチケットの問題だけでなく、観察が疎かになる）。
⑧	主通路を塞がない。
⑨	陳列器具にもたれたり、腰をかけたりしない。
⑩	アイスクリームや飲み物を店内で持ち歩かない。
⑪	女性しか買わない商品の売場への立入りは慎重に（女性の下着売場など）。
⑫	店の批評や互いの意見を店内の通路上で話し合わない。
⑬	店側に文句を言われたときは、本人のみの責任とする。
⑭	当日2〜3時間に一度はその地域または同一SCに分散調査しているメンバーが1カ所に集まり、討論する。
⑮	買物をする。⑴　プライベート・ブランドとストア・ブランド ⑵　我社にない品目 ⑶　ポピュラープライス・アイテム ⑷　自分自身が今日、消費し（食べ）たい品 ⑸　自分自身がライフテストしてみたい品

(4) 店内撮影は一般にはダメ。ただしわが社の店舗で練習を重ねたうえ、必要なアングルを瞬時に撮れる特別な能力のある人ならOK。

(5) 商品構成グラフ（図I—1参照）作成は、右と同じくわが社店舗の同一品種について熟練した人のみとする。常時実地棚卸しに専任している人なら、社員でなくともパートタイマーでも、隠密行動で立派なものが作れるものだ。これは、アメリカのチェーンストアの常套手段でもある。

(6) 一回当りの視察が一時間の予定なら、途中外出をはさんで三〇分間ずつとする。別フロアは、別の店としてスケジューリングすること。

(7) ストア・コンパリゾンの日程は、当然に予定人員を数日に分散しておかねばならない。

(8) 当日、二時間か三時間に一度は、その地域または同一SCに分散調査しているメンバーは一か所に集まり、お茶を飲みながら、あるいはスナックを食べながら、討論をしなければならない。その討論は、観察（重要と思った問題点の発見）した結果と、その分析（その意図や事情の推定と成否の評価と）が内容である。どんなに有能な人でも、短時間では見落しがあるからだ。

同日夜、まだ見聞がなまなましい時や、帰社してからの討論も有意義で不可欠ではあるが、それ以上に、現場近くでやるこの臨時ミーティングは、たとえ一〇

図Ⅰ―1　商品構成グラフ

A．商品構成グラフの意味

品揃えをグラフで表わしたもの。基本形は売価と陳列量との関係をグラフ化したもの。

チェーンストアなら自社の商品政策の柱となるグラフ。商品部長が品種ごとに売価の上限と下限，さらにプライス・ポイントを決定する。それを維持するのは，チェーンストア組織ではバイヤーの職務である。

したがって１枚のグラフに数社の品揃えを重ね合せて表わすことで，各社の商品政策を知ることができる。

B．商品構成グラフの基本型

商品構成グラフの専門用語
(グラフを作ることによって実体を知ることができる)

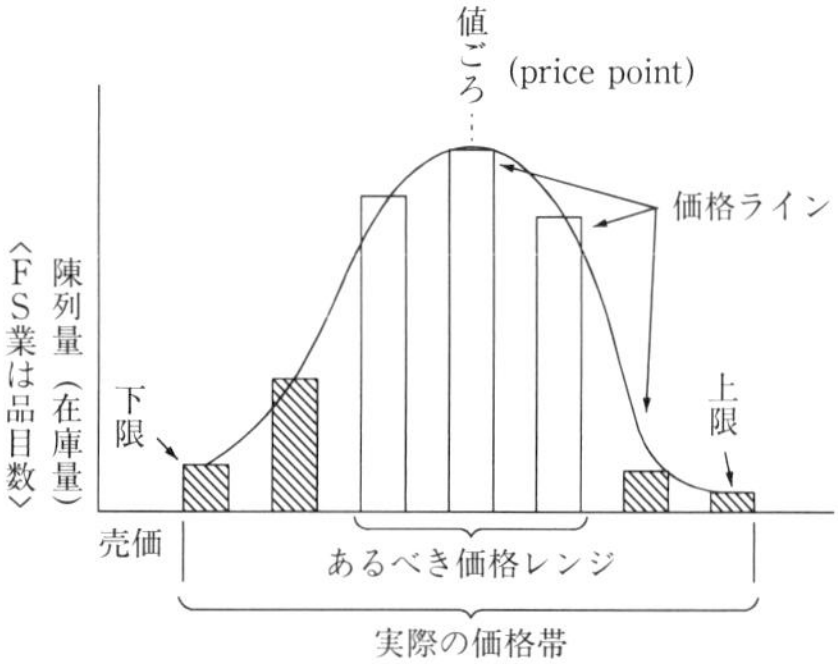

C．アメリカチェーンの代表類型（下のグラフの場合は左のほうが廉価を印象づける）

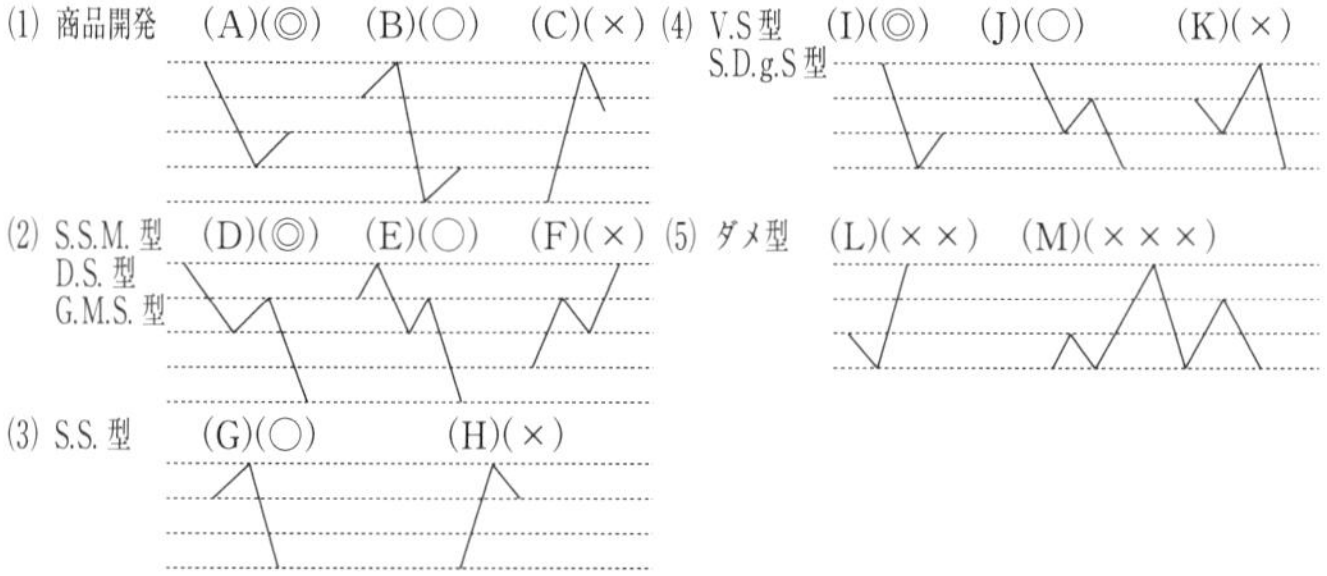

〔出所〕　商品構成グラフの基本型：渥美俊一著『仕入れと調達』実務教育出版，45ページより。
商品構成グラフの専門用語：渥美俊一著『商品構成』実務教育出版，169ページより。
代表類型：渥美俊一著『仕入れと調達』60ページより。

分間でも、この上なく役に立つのである。分散調査のため解散する直前に、この時刻と場所との打合せを失念してはいけないのである。

実際の歩き方

実際にSCや店内を歩くときは、まず駐車場の端まで行って、周囲の道路事情と駐車場の設営状況とをマークする。下車してすぐ建物内に入ってしまうのは、もったいない話である。

わが国では、いぜんとして駐車場設定の間違いや下手な事例が多数である。それは、せっかくストア・コンパリゾンをしても駐車場そのものをまったく見ていないためであろう。客の立場から見ると、ひどすぎる例が圧倒的で、「ショートタイム・ショッピング」とか「客の利便」がスローガン倒れになっているのだ。

次は建物のまわりを歩いてみて、あちこちの角度から、その外観や所在大看板、外装（色、スタイル、資材、構造など）や建物出入口周辺を眺めてみよう。その企業の広報室が発表した効能書きとは、ウラハラな場合が少なくないはずである。

三番目に、SCのモールないし店のコンコースに入ったら、やや片隅に寄って建物内全体のイメージを瞼に焼きつける。そうしないと、一日に数か所見たあとでは、何のイメージも残らないからである（日本の店の場合はとくにそうだ）。そうして、どこに特徴があるかを記憶にとどめるのである。

簡単に言えば、売場の商品が浮き上がって見えているかである。舞台である売場で商品が役者としてクローズアップされているかだ。内装や陳列器具の側面や床といった舞台装置や、役者ではなくその小道具類のほうが目立つのが、日本の通例なのだ。

そのあとで、いよいよ主通路を歩くことになる。主通路とは本来、入店客（複数フロアなら入階客）数の八割以上が必ず通る店内通路のことだ。普通は「型か「型で、SCなら、モールの端から端までだ。通路幅は、他の通路より六〇センチ～二メートルは広いはずだ。

主通路を歩くだけで、店またはSCが客にアピールしている商品と設備との特性がつかめる。あいまいなら、主通路だけを二回か三回歩いてみればよい。この時の印象こそ、相手の店側が何と述べようと、客にとってのイメージなのである。

最後に、マークしたい売場にとりつくことにしよう。この場合も、客の購買意志のうち、どの部分をねらっているかという点が主眼なのである。

こうした場合、やはりあとから他人に指摘されて、「そんなことがあったかなあ」という見落しが必ずあるものだ。

そこで私どもが主催するストア・コンパリゾン・セミナーでは、表I―8のような用紙を配布して、店を出たとたんにメモとして記入せよ、と勧めている。

空欄があるのは、見落としたことのヒントだから、もう一度入店して見つめてくるのである。欄の大きさが異なるのは、それだけ比重が違うことを意味しており、職務上の立場によってこの欄の大きさは変更されるべきである。

これでストア・コンパリゾンが終了、ではない。最後の締めくくりは、そのレポートづくりである。それがないかぎり、ストア・コンパリゾンは個人の資料になって埋没してしまうからだ。

レポートの作り方は、先述したように大別して観察、分析、さらに判断と、三つに分けて書かれるべきだ。三つに分かれた記述であれば、ストア・コンパリゾン・レポートは単なる印象記にはならないし、本人たちの能力比較ができるし、第一に企業としての改善・改革、そして転換に生かしやすくなるのである。

けれどもこの三つに分けて書くのは、実は高度な実力が必要だ。慣れないと、この三つが何の脈絡もなく印象の羅列となってしまう。観察の①と分析の①と判断の①とは、論理がつながっていなければならないのだ。

観察が詳細であるのが分析なのではない。分析で明らかにすべきことは、そうなった理由や原因のことで、ストア・コンパリゾンでは先方の意図やねらいのことである。

表I—8　ペガサス見学記録

PEGASUS SEMINAR

社名・店名		フォーマット	
所在都市名		年　月　日　時	
企業イメージ			
建物構造			
レイアウトの特徴			
照明と内装			
商品の性格			
売価の特徴			
特に強い商品部門			
主なSB, PB, またはメニュー			
販売または陳列形式			
客の特徴			
サービス・作業			
その他			

日本リテイリングセンター

団員番号		姓	

これに対して判断は、彼らを採点することではなくて、わが社として直ちに行なうべき改善提案、さらにわが社の制度ないしシステムとしての改革案のことである。前者は応急処置、後者は長期的な対策と言い換えてもよいものだ。

もちろん、こうしたレポート作成は、現場でのストア・コンパリゾン直後の少人数による討論をした後に、一人ひとりが別々にまとめると内容が向上する。

レポートは前述の幹事役と教育担当が通読したら、次の手続きをとる。

第一に、示唆に富む優秀作品の数点はなるべく活字に、少なくともコピー化して、トップ・マネジメント段階まで報告すること。

第二に、関係セクションの長にも配布すること。

第三に、社内報に取りあげ、あるいは教材とすること

アメリカ視察レポートは費用がかかっている以上、とくにこの三種類の手続きを励行したいものだ。

第四に、レポートの中で注目すべき観察・分析・判断とは、別にメモの形で抜粋して、右の第一〜第三の手続きにのせることである。

こうすれば、いかに経費縮減中の企業でも、ストア・コンパリゾンについての経費支出とその予算化は容易になるだろう。

裏返せば、国内と海外を含めて、ストア・コンパリゾンの予算がとれない企業

は、こうした後始末対策をサボっているのである。

その点でも、先に述べたように、ストア・コンパリゾンは、当初に一つのプロジェクト・チームの編成と幹事役ないし事務局長役の任命が必要である。

逆にトップは、ストア・コンパリゾンについて少なくとも、

① プロジェクト・チームづくり

② レポートを読みあさること

③ 右の①、②の制度化

の三つを考えてもらいたいのである。

5 ストア・コンパリゾンのテーマ

ストア・コンパリゾンは、一つの技術である。技術である以上、それは一人ごとに能力水準を区別して評価されるものであり、生涯を通じて練磨していくべきテーマである。

そうした能力の高い人々が、わが社の中枢に多数揃えば揃うほど、わが社は成長し、かつ社会への貢献度をましていくことになる。

したがって、それは個人の能力評価の尺度でもあり、教育カリキュラムとしても不可欠の課目といわざるをえないものだ。

では、そこで得られる収穫の本質は、何なのであろうか。

一つは、経営の原則を実地に実物で理解することである。たとえば、アソートメント（品揃え）、マーチャンダイジング（商品開発）、オペレーション（運営）、店づくり、売場づくりだ。

別の面から見れば、客にとっての便利さであり、重宝さである。言い換えれば、来店客がそのSCや店舗に期待しているもの、他のSCや他の店舗にはなくて、そのSCや店舗だけが提示している便利な買い物条件は何なのかという、客にとっての魅力を理解することである。

そうした前向きの条件を、わが社のSCや店舗は、はたして持っているのか。作ったつもりでも、いつのまにかそうでなくなっており、他のさまざまな理由や事情で、客にとってまことに不便で、ご利益《りやく》に乏しい店になっているのではないか、と反省するために、このストア・コンパリゾンをしなければならないのだ。

それは原則の再確認であり、その結果としてわが社が原則に戻る（英語でreturn to basics）ためである。

だから、「あそこは何がよくできていた」とか、「あれはだめだ」という程度の結論ではストア・コンパリゾンとしては困る。相手が良くても、まずくても、それぞれをわが社の反省につなげることではじめて効果が上がるものなのだ。

忘れ去られがちな基本原則のうち、つい見落としがちなのは、商品と作業の二分野である。

店づくり（投資方法やレイアウト）、陳列方法、販促状況は、ストア・コンパリゾンで誰もが注目するけれども、商品構成（品目と陳列量との組合せ方）と売場構成（売場分類と関連の組合せ方）、さらに決め手となる価格帯については意外に概念的、すなわち印象批評となってしまいやすい。

外観が悪くても、陳列の形やレイアウトがいいかげんでも、客は品揃えさえよければその店に来る場合も少なくない。商品について、どの部分が客をひきつけているのかを、ストア・コンパリゾンで見つけ出し、そこから原則を導き出さねばならないのだ。

客にとって商品のお値打ちは売価と品質（機能）との融合したものだが、それだけなら、メーカーからの通販でもいいこととなる。小売業やフード・サービス業で品選びをするのは、その組合せ方に魅力があるからである。

店で客に単品買いをされるのは、小売業やフード・サービス業が客に代わって

「揃える」という本来の任務をサボっているためだ。どういう観点で組合せをしているのかを見てとるのが、コンパリゾンでの急所である。

第二の見落としやすい見学の盲点は、作業である。クリンリネス（きれいに掃除と営繕とが行なわれていて、磨かれたような感じになっていること）や、決められたとおりの前進・立体式陳列形式の保全維持、先入れ先出し方式の商品補充、迫力陳列と重点的演出とによるエキサイトメントなどといった作業だ。

一つひとつの作業が完全に行なわれることが当然の経営原則だが、作業者にその能力がなかったり、やる時間が与えられなかったり、道具や消耗品が不適切だと、マニュアルの内容が正当であっても現場は乱れてしまう。

その調査対象は、いかに作業が完全に実行されているのか、なぜ実行できるのか、どのような手順が欠落したためにできないでいるのか、と現場の状況から分析をしてみなければならない。分析で発見できた相手企業のマイナス原因は、まったく同じ事情でわが社でも起こっているのではないか、と反省するためにである。

そのあとで、なぜ対面販売がこの商品分野で必要なのか、むだで有害な接客応対をしていないか、どうしてそのような最終包装になるのかといった作業の種類の観察にまで入っていきたいものだ。最終的には現場でいかなる作業種類が選択され実行されているかもまた、ストア・コンパリゾン上の重大な観察ポイントとして取り上げられねばならないのだ。

こうした第一課題は、実はすべて現在の路線の改善をめざしている。逆にいえば、現状を軌道としては肯定しているわけだ。しかし、ストア・コンパリゾンの目的の第二は、路線の現状否定そのものにも及ばねばならないのだ。

路線否定とは、わが社がやろうとしていることそれ自体を根本的にひっくり返すことである。乗り物の乗り換えであり、政策転換である。

これは現在の時点で現状を見るのではなくて、一〇年後ないし二〇年後のあり方から現在を見つめ直すことだ。

そうすると見学の焦点には、①SCの種類と土地利用状況、②店舗のフォーマット、③店の面積、④立地、⑤出店分布と退店の実績（その順序とタイミング）、⑥設備の種類とレベル、といった投資方法についての項目がまず浮かびあがってくる。これは若干の基礎常識があれば、ストア・コンパリゾンで得られるノウハウである。

ところが、むずかしいのは経営効率問題だ。すなわち、マネジメントから見た収益性と成長性、言い換えれば、資本生産性と労働生産性（実際は人時生産性）が前向きか後ろ向きかである。

これは標準化（standardization）、単純化（simplification）、差別化（specialization）という、Sという頭文字から三S主義と表現されるモットーの実現状況としても取り上げられねばならぬ、大問題である。これは言い直すと、作業システム、管理システム、コンピュータ・システムの問題でもある。

この三S主義やシステムという切り口は、ストア・コンパリゾンですぐさま判明するものではない。いわんや、新店を見てもさっぱり見つけられないだろう。

ではどうやって把握するかといえば、二つの条件がある。一つは、わが社がそうした課題を改革テーマとして現実に取り組んでさえいれば、他社の現場ではっと気がつくものなのである。

二つ目の条件は、定期的に、しかも定点観測をしていればわかる。だから、モデルになるような企業ならば新店でなくて既存店を、開店以来の経過年数グループに分けて数店を継続的に見ていくべきだ、と先にも述べたのである。

システムの変更や前進状況がストア・コンパリゾンでつかめるとき、この技術はA級になったと称賛できるのである（もっとも、この水準は経営コンサルタントに不可欠の能力と思われるのだが、わが国の現状では、できる人はごく少数に限られている）。

言い換えれば、わが社の一〇年後のあり方にとって、直ちに転換すべきヒントを入手できるストア・コンパリゾンをしてほしいのだ。

過去五〇年にわたって零細企業段階からビッグストアへとのし上がってきた企業

は、少なくともその創業者たちは、この能力をもっていた。だからこそ、大部分の他社ができないでいた大転換をなしとげえたのである。

彼らが平常からストア・コンパリゾンが大好きであったことが、その原動力であった。私は繰り返しこのことを、あなたに強調したいのである。

経営コンサルタント仲間でも、だんだんと評論家になって、現実と離れた机上の空論屋に堕落していく人の多いのは、一時の人気にだまされて、日米のストア・コンパリゾンをサボったためである。

とにかくストア・コンパリゾンを気軽にやっていないと、トップも経営コンサルタントも、ともに感覚がずれてしまうのである。未来の開拓に挑戦するためには、欠かしてはいけない日常の行動軌跡なのだ。

これからの武器探し

ストア・コンパリゾン手法は別の面から見れば、競争の武器探しでもある。ということは、他社見学にしても、わが社の店診断の時でも、どの部分が戦いの武器になっているかについて、脳裏にいつも思い描いていなければならない。

幸か不幸か、この武器の種類と内容とは、時代とともに変化していく。棍棒から弓矢へ、さらに鉄砲、機関銃、自動小銃、あるいはバズーカ砲、そしてロケット砲へと。

「貴社の武器は何か」と経営者に尋ねて、即答できる人は少ない。ふだんそうした問題意識がないためで、第三者から見れば、わが社の「競争の武器」がはっきりしていないこと自体が奇怪である。メーカーなら、必ず答が即座にはね返ってくるものだからだ。

ストア・コンパリゾンの最初にして最後のテーマは、実はこの武器の発見である。相手先企業は何をもって客をひきつけているのか、それを見きわめ、わが社の場合と比較し、その他社のもつ武器を、〝他山の石〟としてというよりも、わが社も取り入れるべき武器として考究することである。

核商品売場（他社と比べて格段に魅力のある品揃え）、価格の割安感、エキサイトメントのある売場づくり、広々としてクリンリネスの店内空間、品揃えの豊富感、買いやすさ（選びやすさ、店内の回りやすさ、同時に使う他品種とのコーディネーション）、ショートタイム・ショッピング、他のテナントや駐車場との関係などが目につくだろう。しかしここでいう武器とは、それがどのような手段（道具、消耗品、作業、手順、色彩、大きさなど）で形づくられているかを、実務技術としてとらえねばならない。

ある視察先では、意図している武器は推定できるが、武器になりえていない時は、どこに手落ちや研究不十分や配慮不足があるかを発見することも、武器探しの一方法である。

しかし、ここで見落としてはならぬことは、次の三つの切り口である。それは私がいつも見せられるストア・コンパリゾン・レポートで、そのつど観察と分析上の欠陥として指摘している三項目でもある。

(1) 店自体が、①大衆の、②日常生活（暮らし）に直結しているかどうか――ごく一部の客層向け、特殊な低頻度のＴＰＯＳ向け、あるいは高級とか趣味に偏っているのでは、少なくともチェーンストアとしての発展や社会的貢献は多くを望めない。いや、我流経営としかいえないことだからである。この日常性の評価は、扱い商品品種よりも、その価格帯や提供している品質（機能）に注目したいのである。

言い換えれば、よりベーシックな品揃えかどうかだ。いわゆる〝激安〟品は、決してエブリボディ・グッズ（everybody goods＝大衆品）でも、エブリデイ・グッズ（everyday goods＝実用品）でもないためだ。

(2) チェーンストアらしさがあるかどうか――その武器らしきものは、数百店に拡大していけるものか、標準化とマス化とが可能なものなのか、ということだ。ユニークに見える武器らしいところが、実は全国に展開してみてもせいぜい十数か店でしか成立しないと思える事例は、決してこの場合参考にならないのだ。

この件は右の(1)と表裏一体のものではあるが、大商圏人口（時には三〇万～五〇万～一〇〇万人クラス）型ではだめなのである。言い換えれば、車で片道一時間、時には二時間もかかる遠方の居住者や隣接の都府県からの客を期待しているような店やSCならば、むしろ悪しき武器の標本なのである。しかしストア・コンパリゾンでは、しばしばこの種のねらいのものを、珍奇なだけにすばらしい実例と錯覚しやすいのである。

(3) 今後の競争に耐え、勝ち進んでいけそうかどうか――二十一世紀に入ってからは、わが国商業史の中で初めてという〝天下大乱〟の激変期である。それまでは中型規模なら潰れないし、大型規模は絶対安心という様相だった。しかしわが国の末端流通は、もはや中型はおろか、大型でも上位一〇社中の三分の二は一〇年後に生き残れないという、凄惨な戦いの場に突入しているのだ。

とすれば、戦いに強いのか、それは同業他社をしのいで勝ち進んでいける武器となりうるかを、検討してみなければならない。表面だけの、ちょっとしたアイデアや面白そうな趣向では、こうした激動の時代の武器とはなりえない。むしろそうしたことに関心や興味をもっている企業は、肝心のベーシックな基本対策をなおざりにしがちなのである。

一九九〇年代半ばからのわが国の〝価格破壊〟趨勢の中で、いくつかの企業がその担い手としてマスコミにもてはやされたことがある。その大部分はまったくの無店地帯で少々のアイデアと一時的な努力とが効を奏したのを、マスコミがセンセーショナリズムとして見出しに取り上げやすかったというものだった。結局数年後には話題にもならず、ジリ貧に陥ってしまっているのは、もともと戦いに強い企業体質は地味な努力の継続でのみ形づくられるものだからである。

ストア・コンパリゾンでは、この点にとくに留意した分析と判断とが不可欠である。そのレポートは、風変わりな特異な見てくれに観察の重点を置きがちになるものだ。

したがって、ストア・コンパリゾン・レポートについての審査や評価は、最終的には、分析と判断とはこの戦いに強いのかという点に凝集されるべきである。そのためには、以上三つの切り口をストア・コンパリゾンを実際に実行する直前に、強調して念を押すことが肝要といえるのである。

以上のことは、アメリカでも一九五〇年代までは日本と同様の切り口でもよかった。しかし一九五〇年代半ばからアメリカでいったんショッピングセンター・ブームがまき起こってしまうと、一九六〇年代以降は、店舗の集積化の形式が強弱をわける原因となったのである。

わが国でも今後は、ＳＣとしての特色が勝敗を左右することになるだろう。

このアメリカの一九五〇年代後半とは乗用車保有率（普及率ではなく、実際に乗用車を持つ世帯数の比率）が七一％を超えた時期である。その時からSCの数が爆発的に激増し、商店街と駅前・駅裏といったダウンタウン商店街とは壊滅した。ごく一部の巨大都市の中の狭い範囲を除いては、いまやアメリカ中四万九、〇〇〇か所のSCが、小売業の過半の売上高を占拠している。

日本の乗用車保有率は一九九三年（平成五年）に七一％を突破した。二〇二〇年までにわが国もSCが全国津々浦々に（人口三万人に一か所ずつ）できるだろう。日本のSC協会の「SC白書２００９」によるSC数はまだ二、九八〇か所だ。しかし、国際水準では立地がサバブで核店が二つ以上のときのみSCというので、このうち推定される国際水準のSCは四〇〇か所（ただし、SC協会の定義ではNSCはほとんど含まれない）。

これに対して、日本リテイリングセンター調べの推定数は、二核以上の国際水準のSCは約一、六五〇か所。うち大商圏型は約四〇〇か所、サバブのオープン・エアセンターは約一、三〇〇か所と推定する。

これからの出店立地はSCに限られ、わが国で一九九〇年代まで大発展してきたフリー・スタンディング（道路沿いに一店だけ独立して立地する）店は衰退してきているのである。

しかしSCの数があまりにも少なすぎたわが国の実情から、サバブのSCは地下街や既存繁華商店街や駅前・駅裏よりも客にとって便利というだけの認識が多い。このため、次の三条件が良いSCとされている。これらは、SC間競争対策を考慮しない錯覚である。

①総売場面積が大きいこと。②大商圏人口（一五万〜三〇万人）型。③モール（共通歩道）に屋根と空調のあるエンクローズド・モール型。

アメリカのSCの九五％は中型SC（コミュニティSC＝商圏人口五万〜七万人）と小型SC（ネバフッドSC＝同一万〜三万人前後）で、いずれもオープンエア・センター（共通歩道は屋根なし庇のみで空調なし）でストリップ（店舗が直線並列）型なのだ。エンクローズド・モール型よりも、客にとってはるかにショートタイム・ショッピングの点で有益だからだ。

核店も、さらにサブ・テナントも、出店企業の店がともに同一商圏人口と来店頻度で統一されている（商品レベルの統一がある）ことが、SC間競争に勝つ基本条件なのである。その点に着目するだけでも、ストア・コンパリゾンの結果はまるっきり違ってくるのである。

アメリカで一九九〇年代に始まった〝パワー・センター〟は、中型のコミュニティSCと並んで威力を発揮しているが、わが国ではまだこれからである。本物は経営用語としてのディスカウンティング・フォーマットに属する各種のチェーンストア（売場二、〇〇〇坪以上のディスカウント・ストアなど。詳しくは拙著『ディスカウンティング』チェーンストアの新・政策シリーズ、実務教育出版刊参照）が、何社も出揃うことが必要だからだ。日本の事例は、小規模でチャチなディスカウント・ハウスの寄せ集めなのだ。

現状では、劣質品や過剰生産や季節遅れの処分品を扱う、単なる〝激安〟店（DH）群の集積となってしまう。その結果は、先に私が否定している、大商圏・低頻度、非暮らし必需品の店集団でしかないのである。

だが、アメリカで九五％を占めるオープンエア・センター型SCはわが国でも確実に漸増中である。

日本でもこれからはじまる本来のSC間競争は、中型と小型商圏内で行なわれる。SC内出店の巧みさが、今後一〇～二〇年後にものをいうのだ。

II——ストア・コンパリゾンの手法

1　対象の選定

多くの人は自分の店の売場面積が狭いからといって、同じように狭い店を参考にしたがる。自社が小規模だからといって、同じように小規模の企業を見学する。正確にいうと、同じではなくて少しだけましな企業を探すのだ。

しかしそれでは、飛躍的な発展を遂げられるような画期的な経営戦略は生まれてこない。自社と同じように弱小の企業から学ぶものは、たとえあったところで、その数は限られる。自社を大規模に発展させたいという意志があるのなら、すでに拡大のノウハウを実現しているトップ級の企業の店から学ぶべきなのである。

次に自分の店と同じフォーマット、同じ業種の店だけを見たがる人も多いものだ。専門店に携わっている人々に、この傾向が顕著に現われている。たとえば紳士衣料専門店だと、欧米の同種専門店だけを見たがるのだ。

しかしアメリカのデータが示すように、より多くの客が専門店よりも総合店から紳士衣料を買っているのである。

各企業の紳士衣料売上高だけを抽出したランキングによると、その第一位はディスカウント・ストアのウォルマート（Wal-Mart）である。第二位を大きく引き離して、圧倒的に寡占している。一九九〇年代までは、この地位をゼネラル・マーチャンダイズ・ストアのペニー（J. C. Penney）が堅持していたものだった。

第二位は大衆百貨店のメイシー（Macy）である。百貨店の最大手の二社が合併した会社なので二〇〇六年に一挙に浮上した。しかし百貨店の中では低価格のロアーモデレートプライス狙いの同社だが、一位のウォルマートと比べると売価は四倍になるので、数量統計が出せるなら、一位と二位の差はさらに大幅な格差があることになる。それほどウォルマートの影響力は大きく、同一フォーマットのターゲット（Target）とKマート（K-Mart、ゼネラル・マーチャンダイズ・ストアのシアーズ系）も同様である。つまり最も多くのアメリカ人が総合店の中でもディスカウント・ストアで衣料を買っているのである。

これらの店が、ファッション店を志す人の見学対象となるべきなのだ。それなのに彼らのアメリカでの見学先は、決まってニューヨークのブルーミングデール（Bloomingdale）百貨店であったり、ロサンゼルスのロデオドライブの、ヨーロッパの有名ブティックだったりする。いずれも企業としては、売上高ランキングの上位に登場しないほど小規模のところである。

つまり、ほんの少しのアメリカ人が、これらの店で買い物をしているにすぎないということだ。商品開発担当者のマーチャンダイジング（282ページ「用語解説」参照）上の新傾向探しが目的ならわかるが、店の経営上のまたは運営上の問題点を探すためなら、適切な視察先とは言いがたい。

抽象化能力も

ところが、こうした数字根拠を無視すると、アメリカ視察時にアメリカには存在しない業種を探し回ることになったりもする。たとえばアメリカにはギフト専門店はほとんど存在しないといっていいくらいなのだが、ギフトの売り方を学びたいからギフト屋を探す、という発想になってしまう。

ギフトについてならゼネラル・マーチャンダイズ・ストア（279ページ「用語解説」参照）、ディスカウント・ストア、専門店など、あらゆるフォーマットの店が供給している。だから、こういった店からギフト・マーチャンダイジングを学ぶべきなのだ。

きもののやまとや鈴乃屋は、アメリカの専門店チェーンからチェーン化の技術を学んで成長した。アメリカには、和服を売っている店がどこにもないのに。

具体的に観察したことを抽象化し、それをわが社に当てはめる技術を習得し、それを継続したから、チェーン化ができたのである。

調査対象企業の選択原則は、次のとおりである。

① 各フォーマットの売上高規模第三位までの、トップ企業
② 売上高規模が過去三年間以上毎年三割以上ずつ増加、または五年間に三倍以上になった、急速成長企業
③ 店数が一〇店以上で、過去三年間に店数が三倍以上、あるいは年率五割以上でふえている急速チェーン展開企業
④ 総資本対経常利益率が年間一二%を超える企業
⑤ 一人当り純利益高が年間八〇万円以上、または一坪当り営業利益高が三〇万円以上の企業
⑥ 労働生産性（従業者一人当り荒利益高）が年一、二〇〇万円以上の企業
⑦ ある商品大部門だけを取り上げた場合、フォーマットの種類にかかわらず、その商品大部門の売上高上位五社までの企業

優れた企業でなければ、わざわざ見学する意味がない。右に並べた条件は、すべてが数字で証明された成長・A級企業という意味で共通している。優れたといってもいろいろな意味があるし、それこそ人によって受取り方はまちまちだ。そこで、数字の根拠に基づく基準が必要なのである。

右に述べた適切な見学店としての条件を目安に見学先を選ぶわけだが、条件に合

っているからといって、すべての分野で模範になるとは限らないものだ。テーマごとにわが社のモデル企業を、三社から七社選び出す必要があるのだ。

たとえば商品問題についてはフォーマットは違うが、わが社と同じ品種を扱っているA社を模範とする。プレゼンテーションについては、省力化の手法を徹底して追求しているB社を。店舗オペレーションについては、業種は違うが同じフォーマットの労働生産性の高いC社を、などである。

競争店をマーク

見学店の選定基準の二番目は、その中でも将来競争相手となりうる候補企業を対象とすることだ。ここで間違ってはならないのは、現在競争相手と思い込んでいる企業のことではないということだ。アメリカでのような本当の競争は、日本中ではこれから発生する状況なのだから、今のところ競争相手と思い込んでいる企業でも、実は「競合」仲間にすぎないのだ。

将来とは、五年以内を想定したい。競争相手候補というのは、たとえば現在わが社の商勢圏（わが社の店を集中的に配置する地域）内に同業は一店もないが、近々に出店の可能性がある、わが社よりも規模の大きい企業のことだ。

フォーマットは異なるが、わが社とほぼ同じ商品大部門をもつ企業、同じ商勢圏内に店が一店あるだけだが、わが社と重なる部門を強化しはじめたり、活発に出店計画を推進しているところも、将来の競争相手と想定する。

次にこれもフォーマットは異なるが、〝激安〟店(ディスカウント・ハウス)の大手も調査対象に含めねばならない。商品部門が重なるし、商圏が広いから、近くでないにせよこの地区に出店されたら、時には競争相手になりかねないからだ。

もう一つ、比較的新しいフォーマットとしてアメリカに出現した、たとえばホーム・ファッション・ストアとか倉庫型のスーパー・スーパーマーケット(スーパーウェアハウス・ストア。279ページ「用語解説」参照)などニューフォーマットも対象に入れよう。アメリカで急激に発展したのだから、五年後には日本でも主流になっているかもしれないからだ。

こうして調査対象を決めるときに、わが社の現在の売上高に左右されてはいけない。小規模だから小規模を参考にするのは間違いだ。すでにある程度成功を収めている大手であればあるほど、ストア・コンパリゾンでの収穫が大きいからだ。

現在の商勢圏に固執してもいけない。五年後には、わが社が商勢圏を拡大しているかもしれない。それより、いまは遠方に開業していて競争相手になるとは考えられないような企業が、五年後にはわが社の商勢圏に攻めてきて、いつの間にか競争相手になっているということも、考えなくてはならないのだ。

また調査対象が一社や二社では、ストア・コンパリゾンにならない。データが偏ってしまって、観察したことを抽象化するのがむずかしくなってくる。つまり改革・改善策を練るのに、問題点をわが社の場合に当てはめることが困難になる。抽象化できればたやすいことなのだが。

こうした理由で、三社から七社を対象にする必要が生じるのである。けれども二〇社も三〇社も調べると、こんどは一項目ずつの調査がいいかげんになるし、データの分析にも時間がかかる。結局混乱して、判断が信用できないものになってしまう。だから、調査対象は多くても七社というところが適切であろう。

右で選定した企業の中から見に行く店舗を以下の条件で決定すべきである。

① その企業の持つフォーマットの中で面積や型が平均的なもの

② 新店ならば、三か月以上経過してから

③ あるべき形は、開業してから（イ）一年以内の店、（ロ）五～一〇年の店、（ハ）一〇～二〇年の店の三類型の比較である。定点周期観測の対象として、（イ）～（ハ）の共通項目に注目することであろう。

店舗見学の準備として、基礎データを理解することが必要だ。これをしないで聞きかじり情報だけを頼りに店を見ても、それこそ見えども見えずになってしまう。

勉強熱心な人ほどこの傾向が強く、昔勉強した基礎知識を忘れてしまって、最近の事件や目立った企業の動きといった新しい情報ばかりを補給している。現在どこの企業が本当の実力者なのか系統だてて調べたことがないと、マスコミをにぎわせている企業だけを取り上げてしまうものだ。

たとえばアメリカのディスカウント・ストアの場合、日本のマスコミに登場するのはウォルマート一本槍である。それというのも、短い期間に世界一のチェーンストアに成長した話題性の多い企業だからで、もちろんその意味で学ぶところが多い優良企業である。

ところが日本で報道される同社の話題は新しいサービスや環境や労働問題への対応など、世界一のチェーンストアになってから発生した特殊な内容ばかりである。しかしわれわれが本当に知りたい内容はどのように成長し、それを維持しているかなのであって、企業のトレンドではないのである。

このような傾向は、アメリカの企業に対してだけでなく、日本の企業についても同じことがいえる。最近のマスコミ情報を頼りにするのではなく、数字入りのデータで真実を調べて、いったいどの企業が大きいのか、その規模をどれだけの期間維持しつづけているのか、そしてどの企業が何を武器にして急速成長したのか、そのおもな手順はどうだったのかを知るべきである。

なぜならわれわれは、このような企業と同じように大きくなりたいし、急速成長したいし、その拡大した規模を維持したいからだ。

どのフォーマットでも一番の企業は、しっかりした基盤の上に成り立っている。店舗オペレーションと商品アソートメント（品揃え。277ページ「用語解説」参照）のシステム確立には長い時間がかかるものだから、とくにこの面での勉強になる。最近の売上高や店数の伸び率が低迷しているからといっても、トップ級にのし上がった以上、そしてトップ級の座を苛烈な競争の中で守っている以上、他社よりも断然優れたノウハウがあるのだ。

つまり、トップの座を長年維持している企業は、経営の基本を大切に守っているのだから、彼らからは小売業経営の基本を学ぶことができる。

一方、急速成長企業は小から中へ、中から大へ拡大する経営戦略を教えてくれる。それは真空マーケットをいかに発見するかとか、ある種の無店地帯に集中的に出店することだったり、特別に低い価格帯に集中した品揃えだったりする。いずれも一定の規模に達するまでの非常手段であり、大手なら避けて通るはずの危険を伴う問題が多く含まれている点でも、彼らの経営戦略の弱点というべき特徴がある。

だから、学ぶ側も彼らの戦略をそのまままねるのではなく、事実を細部にわたって観察した後で、なぜ彼らがそうしたのか、どういう背景でその案が出てきたのか、準備の仕方は正当だったのかと、分析段階で一つひとつ念入りに検討してから判断を下さなければならないのだ。

見学先として選んだ店が新店なら、開店した直後に行っては見学の効果がない。新店とあって従業員数は一時的に膨張しているし、品揃えも本来のものではなく開店特別セール用になっている。客も物珍しさから商圏の外側からやってくるから、常時売れるものとは別の、特殊な商品の売行きが良かったりするものだ。

その店に初めて採用した新しい試みが期待はずれで、変更案を急いで計画中のものもある。レイアウトが客の動線をうまく誘導していないことがわかって、移動を検討中の場合もある。開店直後は軌道に乗らないこと、混乱を来たしているものが多すぎて、当事者でさえ何をどうすべきなのか、結論を出していない問題点が多いのだ。

そのような時に店を見学したら、判断を誤ってしまうのがオチである。新店の運営が軌道に乗るには、最低三か月はかかる。見学はその後に計画するのが、利口なやり方である。当事者が実験に実験を重ね、いちばん良い方法を見つけたあとで、そこからあるべき姿を学びとるのである。

このように、経験によって確立した最良の方法を「経験法則」という。他人が費用と時間と頭脳とを費やして得た法則を、そうした努力なしで利用できるのは、後発者の特権でもある。

逆に言うと、経験法則を無視して自己流の経営をしても、企業拡大の可能性はごくわずかである。自分にとって画期的と思える方法を、なぜ他の人が実行しなかったのかといえば、うまくいかなかったのでやめてしまったからである。思いつかなかったからでもなければ、勇気がなかったからでもないことが多いのである。

わが社の実態から

調査項目の決定までこぎつけたら、実際にわが社の売場で調査をしてみること。そうしてみると、記録用に作ったフォームが使いにくいことがわかったり、実際に調査が不可能なことを考えていたりすることに気がつく。

そこで当然のことながら、まず自分の店について作ってみることである。急に思い立って見学に行っても、役に立つ情報は得られない。

わが社の実態を冷静に観察することで、他社を見学したときに他社の何が優れているのか、わが社とどこが違うのかが、見分けられるようになる。とくに本部側に属している人たちにとって、わが社の現状を知るという準備が必要である。自分の店はよく見たこともないのに、他社の新店ばかりを、できた途端に見に行く本部メンバーが案外多いのだ。

わが社の現状を理解したら、なぜそうなったのかを検討するべきである。とくに、経営技術の原則と違うことが行なわれている場合である。そこまで追究しておけば、あとは他社が同じ問題について、どう対処しているのか観察しやすくなる。

たとえばわが社の店の出入り口の周囲に客の自転車が放置されて、時には客が通れなくなるくらいだとする。駐輪場はあるのに、少し回り道になるため、そこに停めてくれる人は少ない。敷地の条件からいってやむをえなかったものだが、なんとかしたい。

ここまでわかっていれば、こうした問題を他社でどのように解決しているのか、見たとたんにわかる。

しかし自分の店の問題点がわかっていないと、他社が同様の問題を上手に処理していても、気づかずに見過ごしてしまう。

避けたい撮影主義

写真を現場のメモとりの代わりにする人が最近増えているが、この方法は決してお勧めできない。

第一に、写真では細かいポイントがわからない。その点、問題点を言葉で説明したメモをとるか、形が問題になるものならスケッチをすると、必ずその時に重要だとわかったことを強調して書くから、あとになって検討するときにわかりやすい。

写真だと、よけいなものも写っているからあとから見たときに何のために撮ったのかわからないものが少なくない。まして、それで他人を説得するのはむずかしい。

第二に、写真を撮ったからあとでゆっくり見ればよいという気分になって、必ず観察がおろそかになる。問題点の発見のために店舗見学をするのだから、それをあとに延ばしてしまっては意味がない。写真を見て問題点が発見できるのなら、わざわざ店に出かけて行く必要がないという理屈にもなるのだ。

むしろ、写真に頼ることと観察力とは反比例すると理解してよい。レンズを通してものを見るより、自分の目で直接に事実を見るべきである。

第三に、写真では正しい色彩の表現が不可能である。いくらフィルムや現象の技術が進歩しても、なまの色を伝えるまでには至っていない。色の記録なら、商品見本を購入すべきである。設備の色なら、ペンキや印刷物のインキの色などの見本帳を持参して合わせてみることである。

店舗見学のエキスパートは、カメラは持ち歩かないものだ。メモ取りについては第Ⅰ部で説明したとおり、店側を刺激しない技術を習得しなければならない。

討論するときはもとより、自分だけのためにも、メモや記録の表現は具体的でなければならない。具体的とは、誰が読んでも、または聞いても同じ状況を思い浮かべられることである。選択や思い違う余地のない表現だ。

そのうちでも、最もはっきりしているのが数字である。一〇は誰が見ても一〇であって、ほかの何ものでもない。ところが〝豊富〟という表現だと、五くらいだと思う人と、五〇くらいだと思う人と、五、〇〇〇くらいだと思う人が出てくる。

〝業界常識より〟とか〝ものすごく〟などという形容を付けても、結果は同じである。〝たくさん〟も〝しっかり〟も〝上手に〟も、すべてあいまいなのだ。それが重なれば、ますますつかみどころがなくなってしまう。

ところが数字という確かな表現を用いれば、「業界常識では一五～二〇のところB社には二八あった」となって、見解の相違などということにはなりえないのだ。

大きさなら直径約xセンチ、高さyメートルの円筒形などだ。言葉で表現しにくい形なら、スケッチしてそれぞれの長さを数字で記入すればよい。そのためにメジャーを携帯するのは当然である。しかし他社の店舗であることを忘れずに、やむをえない場合にのみ控え目にそれを使うことである。

陳列線や陳列器具の長さや主通路の幅を計るには、床のビニール・タイルの枚数を数える方法がいちばん手っ取り早い。日本でもアメリカでも共通に、一枚が三〇センチまたは四五センチ、たまに六〇センチだからだ。

照明の明るさの表現も、少し暗いとか、ものすごく明るいでは、人によって受取り方が違う。照度計で計るのが確実である。

「スカっとしている」とか「感じが良い」と思ったら、なぜそう見えるのかを追究するべきである。使っている色が、かつてない新鮮な配色ならば、色見本とその使い方を言葉で説明するか、スケッチで表わす。

具体的な表現に慣れること。それも、科学的な観察力を鍛える第一歩である。


問題点を発見する能力のことを、観察力という。したがって、観察力は店舗見学には欠かせない。観察力というものは、もって生まれた能力ではない。科学的な知識に基づいてものを見ることを学び、それに慣れることで養われるものだ。

同じ店舗を見学しても、一〇〇の問題点を発見する人もいれば、一〇しか発見できない人もいるはずだ。同じように一〇〇の問題点を発見しても、単なるアラ探しだったり、どうでもいいことを問題点として受けとめる人もいる。

こうした観察能力は、その課題について基本的な知識の質と量とに大きく左右されるものだ。

たとえばアメリカのスーパー・スーパーマーケット（279ページ「用語解説」参

照)・チェーンの大手、セーフウェイ(Safeway)とその同系列の店の売場を見学したとき、レイアウトの基本実務のうちの磁石(商品で客を引きつける)効果についての知識を学んだ人なら、必ずゴンドラ・エンドのボリューム陳列に感激する。日本には基本どおり実行している店がほとんどないといっていいくらいだから、なおさらである。

ところが、この磁石効果やエンド陳列の基本についてまるで理解していない人がセーフウェイの売場を見ても、ただ「きれいな店だった」で終わってしまうのだ。どこに工夫があるから〝きれい〟なのかもわからず、加えて自分自身がセーフウェイ側の計算どおりに店内を歩かされているのも知らずに。

ここで前者の知識のある人なら、自社のレイアウト上の問題点を一〇〇並べたてるだろう。後者なら、一桁台でもおかしくない。多くの日本人が未知の外国語で何かを説明されても理解できないのと同じように、基本知識という言葉を知らなくては新しい発見はありえないのだ。

次に同じテーマを追いかけること、つまり同じ角度で物事を観察しつづけることで、観察力を向上させることができるものだ。基礎知識を身につけ、それを店舗見学のつど繰り返し他社の店舗に当ててはめてみる。そうすることで、誰にでも観察力を養うことができるのだ。

店舗見学の効果を上げるために、本書では多くの小売業経営の技術のうちから、最低必要な基礎知識だけを選んで、以下に述べる。

2 ウオッチングの手法

欧米、とくにアメリカでは生活者の一人ひとりの身分や階級や教養や人種や宗教の差に左右されない豊かな暮らしを十分に楽しんでいる。人々は自分の収入に合わせた生活を、それぞれに満足して享受している。それもひとえにチェーンストアが小売業だけではなくてフード・サービス業でもホテル業でも成立しているからだ。

残念なことに、日本はあらゆる階層の人々が、それぞれ可能な支出予算と消費時間の範囲内で生活を楽しめる社会にはなっていない。

日本のギャルが自分の一か月分の給料を、まるまる投じてルイ・ヴィトンやシャネルを買いあさるのも、分相応に装いを楽しむすべを知らないからだ。それはわれわれ流通業界に従事する者が、彼女らにその喜びと潤いの機会を提供していないためである。一方、男子学生は、親が買いたいものも買わずにむりして投資した学資をむだにして、授業にも出席せず、数か月まともな食事もしないまま、アルバイトして貯めた金を全部注ぎ込んで、ガールフレンドといっしょにクリスマス・イブを都心の一流ホテルで過ごすといった、分不相応な行動を平気でする。この間違った風潮の責任の一端もわれわれにある。

特別な能力をもっているわけではない普通の人々が特別な努力なしで、むりせずに自分の収入に見合った支払金額で、文明生活を楽しむことができる経済構造を、日本にも確立することがチェーンストア産業づくりの使命なのである。

アメリカ人の生活をウオッチングすることは、チェーンストア産業の努力によって分相応のライフ・スタイルを享受している状況を見ることなのである。

創業者はウオッチング名手

三〇年あまり前の出来事だが、かつて私が日本のビッグストアを代表する企業の創業者A氏とともにアメリカ店舗視察旅行に出かけた時のことである。A氏は当時のモデル企業であるディスカウント・ストアのKマートの出入り口に立ち止まったまま、しばらく動こうとしなかった。

ようやく店内に向けて歩きはじめたとき、彼は私に「女性客の九〇%はスラックスをはいていますね」と言ったのだ。そこでわかったのだが、彼は店に出入りする客の服装を観察していたのだ。スラックスとスカートの数を数えていたのである。そしてその直後、彼は婦人服売場の方角に真っすぐ進んで行った。

あとから聞いたのだが、彼は視察バスの窓から見かけた通行中の女性の多くが、スラックスをはいているのに気づいたという。Kマートの前に視察した、スーパー・スーパーマーケットの女性客のスラックス姿も目についた。そこで、Kマートに着いたとき、店を見学するより前に、来店女性客の五〇人について、まずスラックスとスカートの着用割合を実数で確かめることにしたのである。

そのあと、婦人服売場で彼が発見したことは、その当時、Kマートにはスラックスばかりで、スカートは売っていなかったということであった。

そこから彼が学んだのは、次のような内容である。

① スカートよりスラックスのほうが、ふだん着に向いている。

② したがって日本でも遅かれ早かれ、同じ現象になるだろう。スラックスには潜在需要がある。

③ ところがわが社の品揃えは、アメリカとは逆に、スカートが圧倒的に多い。それは本来、客が求めている品揃えとは違って、よそ行きばかりを売っているのではないか。

④ それに比べてKマートは、客のふだんの暮らしに密着した商品だけを扱っている。

⑤ 婦人服売場だからといって、必ずスカートを売らなければならないと思っ

ていたのは、業界の既成概念にとらわれていたのだ。

実に的を射た反省であり、これからの方向を示すものであった。このA氏の企業は今日、衣料では日本最大級の販売量を誇っている。

ちょっとした観察から、その現象を分析し、わが社が進むべき方向を判断するというふうに発展させる手法を、日本リテイリングセンターでは〝ウオッチング〟と命名し、アメリカ視察の際に活用することを勧めている。

このウオッチングは、訓練さえすればいつでもどこでも、特別な道具なしで手軽にやれる。大企業を作り上げた小売業の創業トップの大部分が、実はこの手法のベテランである。

ほかにも、こうした創業のトップの一人であるB氏は、二週間に一度は必ずJRの山手線に乗って何周か回るのだ、と言っていた。これも山手線の乗客の観察から、B氏の店の客が今何を好むのか、何を求めているのか、そして彼の店の品揃えがそれに適切に対応しているかどうかを知るためである。

B氏はその当時すでにかなりの有名人で、運転手付きの乗用車に乗っているところしか知らなかっただけに、私には意外であった。やはりこの人も、ウオッチングの名手であったのだ。

このようにウオッチングは、国内の店舗見学にも欠かせない手法の一つである。客の実態を知ってから店を見ると、その店の品揃えが客の要望に見合ったものなのかどうかを知ることができる。

たとえば客が店に来るときに、履いているものに注目してみよう。都心の百貨店に買い物に来るときは、客の多くは革靴を履いてくる。本物の皮革でなくても、いわゆるドレス・シューズを履いてくる。めったにない機会だから、うんとおしゃれをして出かけるからだ。

ところが近所のスーパーマーケットへ買い物に行くのには、スニーカーやキャンバス地のスリップ・オンやサンダルだ。

これを見るだけで、その店が大商圏店か小商圏店かがわかる。店側の発表がどうであろうと、客がどういうつもりで来店しているのかは、こうした履物や服装で知ることができる。

次に靴売場に行ってみよう。そこで売られている商品が、客が履いている種類の履物中心なら、合格である。ところが客が素足にサンダルばきで来店しているのに、皮革製のハイヒールや値段の高いドレス・シューズが大部分では、品揃えの的がはずれている。客がトレーナーとジーンズで買い物しているのに、婦人服売場でドレスやスーツを主力に売っている店が多いが、これもおかしいことだ。

客のウオッチングをしないで店を見ると、見当はずれな品揃えを見逃してしまう。客を観察すること自体が、店舗見学の一部なのである。

危険な〝印象〟

ウオッチングを実施する際の禁忌は、印象で結論を出すことである。よくある例なのだが、アメリカ視察旅行でウォルマートの店を見て、その客は貧乏人ばかりで特殊な店だから、わが社にとって学ぶものはないという。

ウォルマート側のみならず、アメリカの調査団体が複数で行なっているマーケティング・リサーチによれば、同社の客は収入の点でも、学歴でも、職業分布からいっても、あらゆる階層の人々にわたっていることが特徴である。とくに低所得の人々のみが、ひいきにしている店では決してないことは、調査数字で証明されているのだ。

それなのに、なぜその人が同社の客を貧乏人ばかりだと思ったのか尋ねてみると、服装が貧しかったから、というのだ。多くの人がTシャツとショート・パンツで、きちんとした服装の人がいなかった、という言い分である。そこでその人にとってきちんとした服装とはどんなものを指すのか聞いてみると、アイロンのかかったシャツと、折り目正しいウールのズボンと革靴だというのである。

しかし近所の店に家庭用品を買いに行くのに、彼のいうようなきちんとした身なりに着替えて出かける人がどれだけいるのだろうか。日本でも近所のスーパーマーケットへ奥さんのお供で出かけるのに、家で着ていたものを脱いで、わざわざ外出着に着替えるお父さんはいないはずだ。もちろん、それまで家の中をパジャマでゴロゴロしていたのなら別だが。

それにもまして日本と違ってホームウエアの品種がいろいろ揃っていて、店で気軽に買えるアメリカでは、そんなことはありえない。家で着ていたふだん着のまま、堂々と店へ出かけて行くはずである。仕事に行くときには彼のいう、きちんとした服装で出かけるのだが、休日に家の回りのこまごまとした作業をしている最中に、近くのウォルマートまで足りないものを買いに行くのに、わざわざ着替えるはずがないのである。

しかも彼は、渡航用に新調した自分の服装と比較した男性の服装しか覚えていなかったし、数を数えたわけでもなかった。入店寸前にたまたま見かけた人のラフな服装を、〝みんな〟と〝多く〟に置き換えてしまったのである。

このような間違った印象をもつことは、悲劇である。せっかく世界的な大チェーンを見学する機会に恵まれたのに、同社の本質を知ることなく、店舗見学はかえって逆効果だったわけだ。

〝感じ〟に頼らず数を数えてみるという、確実な方法があることを店舗見学時に思い出してほしい。

次に、客を観察する際に念頭に置いておかなければならないことがある。それは「客は店で売っていない商品を買うことはできない」ということだ。当たり前のことだが、売る側の立場の人たちがこのことを本当に理解しているのかどうか、しばしば疑問に思われることがある。

かつて日本で、日本型スーパーストア（281ページ「用語解説」参照）やディスカウント・ハウスの客の中に、ドウ・スポーツ用のトレーニング・ウエアを着ている男性を、しばしば見かけたものだ。紺色か黒のナイロン・ジャージ製の上下で、トップの袖とパンツの両脇に、黄色や赤の太いラインが入ったものだった。

それに気づいて、わが社でもお父さんたちに人気のあるトレーニング・ウエアを紳士洋品売場で売ろう、と考えた人は一時しのぎの浅い思考なのである。

なぜ彼らがスポーツのあとでもないのにトレーニング・ウエアを店に着てくるのか、ということを考えてみると、彼らは家で着ていた服装のまま、着替えないで来店しただけなのだ。

それでは、なぜ彼らは家で本来はスポーツ選手用のトレーニング・ウエアを着ていたのかというと、それは着ていて楽だったからである。ソファに横になってテレビを見るにも、愛車にワックスをかけるにも、便利だったからである。

手入れをする側からいっても、クリーニング屋に出す必要もなければ、アイロンもいらない。ただ洗濯機に突っ込んで、そのあと乾くまで待てばよいだけである。

このように彼らの「家の回りで過ごす」というTPOS（279ページ「用語解説」参照）に、本来はスポーツ選手用のトレーニング・ウエアが、たまたま的を射たものであったため、彼らに愛用されたのである。しかもこのような有利な条件を備えた商品が、ほかにまったくなかったためである。

そこでこの現象をもう少し掘り下げてみると、彼らはトレーニング・ウエアをホームウエアの代用品として用いたのである。トレーニング・ウエアに彼らが求めた機能と同様の機能を備えた、そしてホームウエアとしてもっと優れた機能を加えた商品が店で売られていれば、彼らはトレーニング・ウエアをホームウエアの代用にしなくてすんだはずである。

着る立場からいえば、生地はもっと柔らかいほうが着心地がよい。スタイルも、前にジッパーがあるよりプール・オーバーのほうが着やすいし、ゴロゴロしない。デザインもカラーも、もっとファッショナブルにしてほしいものだ。

一九七〇年代からアメリカでは、ホーム関連のＴＰＯＳに適応した商品がたくさん売られていた。ウオッチングでこのトレーニング・ウエア現象を問題にしていた前向きの企業は、アメリカの売場から学び、代用品ではない本物のホームウエアである〝アクティブ・ウエア〟を開発し、いまでは店ごとに数十坪の核商品売場にまで成長させた企業もあるのだ。

このように店で適切な商品を扱っていないために、客はその代用品をやむをえず使っている例は実に多い。

ウオッチングで発見した潜在需要こそ、真空マーケットである。これを発見することは、ＰＯＳデータにも不可能である。あらゆる調査機関の消費者の嗜好調査でも、決して出てこない。そうしたすばらしいモノがこの世にあるとは、誰も思っていないからだ。

ＰＯＳはすでに店に並んでいる商品の動きを瞬時に知らせてくれるが、店に置いていない商品については、何の情報も与えてはくれない。また、欲しいものを客に聞いても、特別なクリエイティビティを持ち合わせないかぎり、売られていない、したがって見たこともない商品を、空想して欲しがる人はいないのである。

あなたの欲しかったのはこんなものではなかったのでしょうか、と客の潜在需要を掘り出して、それを商品化し、客に提示するのが、店側の役割である。それが、チェーンストアによるプライベート・ブランド（PB。281ページ「用語解説」参照）商品の開発なのである。

そのためには店の客に、そして電車の乗客に、つまり普通の生活者の中に、ある共通の特徴を発見したら、

① まずは数を数えて、裏付けをとること。

② 次に、なぜそうなったのか討論して、原因を明確にすること（潜在需要の推定）。

③ わが社の売場の対応を調査すること。

④ 他社の売場の対応を調査すること。

⑤ アメリカの大チェーンの場合の対応を見習うこと（ここではっきりと方向がわかる）。

ウオッチングは、競争に勝つための決め手ともなる欠かせない品揃え改革の手順でもあるのだ。

3　ウオッチングの実際

日本の現状とアメリカのそれとをウオッチングで比較するだけで、大きな発見ができる。

たとえば、日本で海や山のリゾート・ホテルのレストランで昼食をとる家族連れを、ウオッチングの対象にしてみよう。お父さんはゴルフ・シャツにジャンパー、ゴルフ用のズボンに革製のドレス・シューズ、それは会社に履いて行くにはくたびれすぎているらしいもの、といったいでたちである。まあ、カジュアルといえばいえないこともないが、ずいぶんとチグハグである。

お母さんはシルク・プリントのワンピースにパールのネックレス、ブランドもののエナメルのバッグ、靴はよそ行きの中ヒールである。お化粧は濃いめに、髪はきれいにセットしてある。都心のホテルで食事をするのと、同じつもりだ。

年齢が上昇するに従ってこの傾向は強くなり、高価なよそ行きで着飾った中年婦人ばかりとなる。

子供はというと、女の子だけがぴらぴらしたよそ行きのドレスを着て、いやにドレッシーなのに、男の子はTシャツにハーフパンツと、極端にカジュアルである。

われわれから見ると、実にアンバランスで、納得のいかない組合せなのだが、彼らは別に変だと思っていないらしい。

こうなるのは、ひとえに日本の小売業者の責任である。中年の男女に関するかぎり、ファッショナブルなカジュアル・ウエアは、彼らが日頃ひいきにしている店には気軽に買える値段で売っていないからだ。ウエアだけでなく、靴もバッグも同じである。

それだからお父さんのカジュアル・ウエアは、みんなゴルフ・ウエアやドウ・スポーツ・ウエアを流用することになる。まさか靴だけはゴルフ・シューズを履いてくるわけにはいかないから、外出用のお古を代用することになる。

お母さんのほうは、家ではTシャツかトレーナーに、パンツか古いスーツのスカートをはいているので、これでは外出するにはあまりにも粗末な身なりだからと、外出着に着替えるのだ。ところが彼女たち向きの外出着といえば、店にはドレッシーなスーツやドレスしか売っていないから、リゾート・ホテルでも都市ホテルでも、同じ服装で出かけることとなる。服装がこれだから、お化粧さえも念入りにしなければならなくなる。

体のサイズが若い人と同じならば、若者用に売られているカジュアル・ウエアから選ぶことができるが、この年頃の人々によく見られるように、肥り気味なら日本では気の毒にもほかにチョイスはないのである。

ここで確認できることは、中年男女のカジュアル・ウエアは、まったくの真空マーケットだということである。日本型スーパーストアや服飾専門店の商品アソートメントに従事する人たちは、おしなべて彼らのフォーマットではヤング部門が強力だと言う。しかし真空マーケットを無視して売場づくりをしているのに、ヤングが強いもなにもないものである。中年男女が真に求めている商品は、扱ってはいないのだから。しかもその中年と老年人口は、年ごとに急増しているのだ。

アメリカ人のライフ・スタイル

もしこれがアメリカのリゾート・ホテルなら、どうだろうか。海岸のリゾートなら男性は布帛地のきれいな色のプリントのスポーツ・シャツに、明るい色のコットンのブレザー・コート。リゾートでもホテルのレストランに入る以上、ジャンパーではまずい。パンツはシャツやジャケットとカラー・コーディネートした、コットンのカジュアル・パンツである。靴はソフト・レザーかキャンバス地のスリップオン・タイプ。決してスニーカーではない。いわんや、断じてゴムぞうりではない。

女性はやはり、これも海辺に似合った、あざやかな色や柄のジャケットとトップとパンツ。あるいはプリントか無地のサンドレスかもしれない。服装のいずれかの色と同色の大型プラスチックのイヤリング、ビーズのネックレスと帽子。履物は、開放的なサンダルかキャンバス・シューズ。バッグは大型のストローやキャンバスで、これも服装と色が揃っている。お化粧とヘア・スタイルは自然である。

これは、若い人でも四十歳代でも六十歳代でも同じである。彼らはＴＰＯＳに合わせて身につけるものを変化させ、生活を楽しんでいるのである。

それができるのは、このようなＴＰＯＳに合わせた、そして頭の先から足の先までの、トータル・コーディネートした商品が関連品種に行きわたり、そのうえ手ごろな値段で、店で売っているからである。

先に説明した、日本の夫婦が身につけているもののトータル金額と、アメリカ人夫婦のそれとを比較すると、後者は二分の一か三分の一と低いはずである。

アメリカ人たちは海辺に出るときには、それに適した服装に着替える。水着にカバーアップ、タンク・トップにショートパンツ、ビーチ・サンダルにビーチ・バッグというふうに。

ところが前述したように日本では、こうしてＴＰＯＳに合わせて服装を楽しむ習慣がないから、外国のリゾート・ホテルで日本のカップルが、女性は水着の腰にタオルを巻きつけ、男性はよれよれの半ズボンにＴシャツ、ともにビーチ・サンダルのままでレストランに入り、ウエイターに断わられたり、そうでないまでもひんしゅくを買っている例を、しばしば見かけるものである。

これはすべて、日本の小売業者の怠慢によるものである。中年向けカジュアル・ウエアもリゾート・ウエアも、日本では真空マーケットなのである。

日本人のライフ・スタイルとアメリカ人のものとを比較すると、日本での潜在需要が明確にクローズ・アップされる。その意味でも、アメリカ視察は店舗見学のみならず、収穫多き旅でなければならない。

空港でのウオッチング

アメリカでは視察旅行に限らず休暇中の観光旅行でも同じだが、空港で同行者と雑談している時間があったら、空港ビルを行き交う旅行者の服装、持ち物、履物を観察しよう。真空マーケットの発見に大いに役立つからだ。

スーツを着ているのは、男も女も仕事のための出張旅行である。アメリカ人は、仕事以外の旅行にスーツは着ない。ビジネスマンとキャリアウーマンの服装を観察するには、空港は適所だといえるだろう。

仕事がらみでない人は、着ていて楽で汚れにくく、しわのよらない服装をしている。だから、流行しているからといって麻のドレスを着ている人はいない。当然に、女性でもパンツ姿の人が多い。

日本では旅行に出かけるときも、女性は先のリゾート・ホテルの例と同じである。ＰＴＡにも着て行く外出着にドレス・シューズ、男性は仕事でなくてもスーツ姿が圧倒的に多い。

持ち物は必ず旅行専用の、ポケットのたくさんついた、合成皮革や化学繊維の軽いものである。ゼネラル・マーチャンダイズ・ストアのシアーズやペニーでなら二五ドルで買うことができる。百貨店でもその二倍くらいの値段だ。旅行の時だけのために便利に作られたバッグなのだ。

日本の空港で見かける人々の持ち物は、お出かけ用のハンドバッグだったり、どこにでも持って行くらしいルイ・ヴィトンやグッチだったりする。

それと比較すると、旅行用に実に便利なたくさんの種類のバッグがアメリカの店にあることがわかる。赤ん坊を運ぶキャリアにさえも、さまざまなものがある。わが国は世界有数の旅行者大国なのに、あらゆる旅行用品が、日本では真空マーケットである。

アメリカの空港のベンチに一時間座っているだけで、日本の店の品揃えに足りないものがいくらでもあることがわかるのだ。

日本には何でもある、何でも買える、というのは、まったくの無知な人の言い分なのだ。

ホテルでのウオッチング

視察旅行や観光旅行で宿泊するホテルも、ウオッチングの絶好の機会である。滞在期間中、なるべく部屋に閉じこもらず、ホテルのあらゆる施設に入りびたってみよう。

そのためのホテルは、なるべく普通の人々が宿泊するポピュラー・プライスのチェーン・ホテルが望ましい。ホリデー・イン、マリオット、ラマダイン、ヒルトンなどである。

高級ホテルはファッションのトレンドの勉強にはもってこいだが、日本と違って外国人のライフ・スタイルでは、彼らは分相応な行動をするため、こうした特別な場所にはおもに特殊な階級の人だけが出入りするので、慣れていないと情況把握が困難である。

チェーン・ホテルのうちでも、旅行者やビジネスマン向き、さらに、いまや浮浪者の留まりであるダウンタウン立地のものは、意味がない。宿泊者だけでなく普通の生活者が出入りするサバーバン・エイリア立地のホテルが、ウオッチングに最適である。

サバブ立地のホテルの宴会場では、大小さまざまな催しものが開かれる。骨董品のオークション、油絵の展示会、高校の同窓会、宗教団体の懇親会、消費者団体の定例会議、慈善団体のチャリティ・ランチパーティ、企業主催の各種セミナー、新製品の説明会、セールスマン授賞式、地元議員の激励会、誰かの金婚式、結婚式、子供の誕生会など、まだまだたくさんある。催しものの種類によって、集まってくる人々の顔ぶれや服装が違うから、実に興味深い観察ができる。

いずれの場合も、誰も彼もが、そのTPOSに合わせて、文字どおり頭の先から足の先までトータル・コーディネートした服装でやってくるからである。

ある表彰式で

たとえば、地元のある大きな工場の従業員勤続二〇年表彰式と昼食会なら、参加者は男女の工員、そして事務員さんたちである。工場で作業するときには作業服を着るが、今日は晴れの表彰式だ。壇上で会社の社長さんから表彰状と金一封を受け取るのだから、男はスーツで、女はスーツかドレスである。どの受賞者もふだんはめったにスーツは着ない。通勤には必要ないから、特別なお出かけ用に限られる。

ある男性は今日は生涯に何度もない特別中の特別だからと、新しい服を新調したらしい。GMSのペニーで買った九六ドルのスーツである。その時流行のアルマーニふうのイタリアン・ファッションである。襟の形がユニークな一八ドルのシャツも、澄んだ色彩の一五ドルのネクタイも、新しいイタリアン・ルックのスーツに合わせたモダンなものだ。

もちろん、靴もピカピカの新品で、これもその時最もホットなスタイルのドレス・シューズで、ペイレス・シューソース（Payless Shou Source 靴の専門店）の二二ドルのものだ。この先何回も履くはずがないとわかっているから、合成皮革のものでたくさんだ。しかも軽いし、見た目は立派に見える。このために使ったお金は全部で一五一ドル（約一万五、〇〇〇円）である。家族みんなが、そして職場の仲間たちみんなが、口々にすてきだと褒めてくれた。

これが女性なら、ポピュラー・プライスの専門店か、GMSのシアーズやペニーでホット・ファッションの四八ドルのドレスか、六八ドルのスーツを着ているだろう。一五ドルの靴も、バッグも、そしてアクセサリーも、服の色に合わせた新品である。

日本なら、職工さんは一〇年前に買ったナフタリンくさいスーツに、流行遅れの襟のシャツ、古ぼけたネクタイ、ひびの入った革靴で表彰式に出席することになるだろう。日本でファッショナブルな一揃えを買ったら、少なくとも五万円以上、へたをすると一〇万円を超えてしまう。

アメリカの職工さんは生涯に何度もない機会だからと、一万五、〇〇〇円を張り込んだわけだが、日本の職工さんは生涯に何度もない機会だから、古いもので我慢する。どちらが生活を楽しんでいるかは明白であろう。

少なくともアメリカの職工さんのほうは、自分の意志で張り込むことも、我慢することも、どちらか選ぶことができるのだ。それが、チェーンストアが築造する経済民主主義の社会なのである。

次に結婚式を見てみよう。ウイークエンドの夜ともなると、必ず大小のウエディング・パーティが開かれる。会場前のロビーは出入り自由だから、ウオッチングに行ってみよう。この場合、スーツを着ていたほうが目立たず、長居ができる。

まず主役の花嫁さんは、日本と違って、幸せなことにウエディング・ドレスは自前である。夫となる人、母親、姉妹、友人たちと、長い楽しい時間をかけて選ぶのだ。ただし、二〇〇~三〇〇ドルで立派なものが買える。日本の貸衣装代にも満たない金額ではないか。

日本の私の友人の結婚式で、自前の打掛けを着たのは二人だけである。一人は祖母から譲り受けた品、もう一人は一部上場企業のオーナー令嬢だった。さすがに一点豪華主義の日本のギャルでも、たった数時間で数百万円の出費は諦めざるをえないのだ。

貸衣装ではなく自分だけの花嫁衣装で結婚式をあげられるアメリカの女性は、幸せである。彼女たちは、自分のドレスだから汚れることなど気にはしない。列席者のテーブルを、長いトレーンを床上で引きずりながら泳ぎ回り、喜びを振り撒いている。

列席者の女性たちは、昼間のパーティならドレスと帽子と靴を同じ色で揃えるのが、トラディショナルである。黄色とグリーンと白のプリントのドレスに、黄色い帽子と靴、白いバッグにアクセサリー、というふうに。

靴は専門店ならどこでも、服に合わせて好みの色に染めてくれる。つやのあるサテンの生地でできた靴は、染め代込みで二五〜三五ドル、期間は一〜二週間である。GMSのカタログでは、白いままの靴と染色剤と刷毛とのセットを売っている。自分で染めることもできるのだ。

夜のパーティなら、もっと華やかだ。女性たちは、スパンコールやビーズをちりばめたカクテル・ドレス、レースやシフォンのロング・ドレスなどで着飾ってやってくる。実にきらびやかだが、よくよく見てみると、それほど高価なものでないことがわかる。このような着る機会の少ない服にはお金をかけたくないから、安くて見栄えのする服を選ぶのだ。

百貨店では、スペシャル・オケージョン（特別の催し）用のドレスの価格帯は、昼間の服より低く抑えている。ポピュラー・プライスのチェーンでなら、一〇〇ドル未満で、靴やアクセサリーまで揃ってしまうのである。

しかし若い人だけでなく年輩の人も、ドレスとコーディネートした髪飾り、ネックレス、イヤリングなどのアクセサリーや、ドレスと同色の靴がマッチして、誰もがきまっている。特別の機会だから、いつもと違ってお化粧も濃いめにしているから、なおさら誰もがきわだって見えるのだ。

逆に花婿を含めた男性陣は、だいたいが貸衣装である。アメリカ人だって、タキシードを着るチャンスなんてそうざらにない。だから自前のものを作っても、次にいつ着るか見当もつかない。だからそれよりこわいのは、サイズが変わることである。それにタキシードと一口にいっても、形はさまざまに移り変わっていくものだから、シャツも含めて借りるのが一般的である。

眺めていると、タキシードにもこんなにいろいろなスタイルや色や生地が使われているのかと、感心するくらいである。

ウオッチングの際には、なるべくメモを詳細に取る癖をつけることだ。その場でメモを取るのがむりならば、その直後に忘れないうちに書き残しておく。そのメモは、あとで店舗見学をする際に、人々が身につけていた品々が売場でどのように扱われているのか、確認するときに役立つことになる。

とくにカラー・コーディネーションについては、歴史的な積み重ねがあるから、西洋人は日本人と比較して、格段に優れた常識をもっているものだ。

日本に帰ってからも、同様にわが店の客を、電車の乗客を、結婚式に招待された機会にその列席者を、観察し、同じようにメモを取り、あとから比較することにしよう。この場合、記憶に頼っていては正確に比べられない。まして他人を説得することは、もちろんできない。

ウオッチングのデータを集積し、比較する。売場を調べ、また比較する。その間、討論を積み重ねる。この作業を繰り返すうちに、わが社に何が足りないのか、何を商品化すべきかが、具体化してくるものだ。この調査方法は実は、ファッションのトレンドを探すための手段と、ほとんど同じなのである。

そのためには、海外に出るチャンスがあれば、外国人をウオッチングすると同時に、日本人旅行者のウオッチングも並行してやってみよう。両者を比較すると、日本にはないものがたくさんある。むしろ足りないものばかりということが、たちどころにわかるからだ。

たとえばハワイ島のリゾート・ホテルに泊まったら、日本人のように男も女も昼食時に着ていた服のまま、夕食のレストランに行ったりは、アメリカ人なら絶対にしない。夜には夜にふさわしい、ドレッシーな服装でやってくる。髪形もお化粧も靴も、みんな昼間とは違っているのだ。

ところが日本人の大部分は昼間と同じだから、高級ホテルは他の客の手前、こんな格好でのディナー・レストランへの入場はごめんこうむるとして、別の部屋に日本人団体を隔離する作戦をとる。

たまにドレスアップした日本人カップルを見かけるが、それも黒や茶など濃色のタウンウエアだったりして、リゾート地にはそぐわないものが多いのだ。

アメリカでは、大型リゾート・シーズンはクリスマスの前後だから、それに近づくと年間のシーゾナブル（季節）企画の一環として、リゾート・ウエア売場が特設される。リゾート・ウエアに限らず、日本の店で大型連休前に、このような対策が取られているだろうか。

繰り返すが、客は店で売っていないものを買うことはできない。いまやたくさんの日本人が海外のリゾート地に出かけているが、日本にはリゾート・ウエアをまともに売る店がないのである。

国内でも

一部のマーケター（マーケティング・リサーチャー）は、東京の六本木や原宿の街でウオッチングに努めているが、それはチェーンストアの商品研究には役立たない。なぜなら、前者は芸能人やＴＶ番組製作関係者、あるいは外国人とコネクションをもちたい特殊な女性も集まるところだし、後者はティーン・エイジャーのお上りさんが群れる地域だからである。

チェーンストアは、ふつうの人々をマークすべきである。このためには、地方都市や大都市市郊外の駅前で朝七時から夜八時までウオッチングすれば、服装や持ち物や往来の目的もわかる。土、日、祭日には、また別の観察ができようというものだ。地方のプロスポーツ・イベントの会場、学校の運動会、祭の人出も、マークする対象である。

しかし本命はあくまで、わが社と、その地域で売上高と客数がA級の総合店とで、客の観察をすることである。

こうしてウオッチングは、あなたの店の品筋について思いどおりに気づかせてくれるし、わが店で扱うべきなのに足りない商品が何かを教えてくれる。それはPOSデータよりも確実で、直接的な品揃えの改善と改革に役立つ方法なのである。

4　海外視察

高い渡航費用を費やして海外の小売業先進国へ学びに行くのは、日本ではできない勉強をするためである。日本の店舗見学では得られない収穫が、外国のそれで期待できるからだ。

そうでなければ、はるばる遠くまで時間と莫大な費用とをかけて、わざわざ出かける必要はないことになる。

ところが、外国を訪れる目的があいまいなために、期待ほどの収穫がないことが多い。逆にいうと、目的があいまいならばその旅行は単なる物見遊山であって、旅行会社が企画する観光ツアーと変わりがない。名所旧跡のかわりに、ショッピングセンターや店を見たという違いにすぎない。

あらゆる対策や方法は、目的が明確な時にのみ的確に決定することができる。収穫もそれに応じて違ってくるわけだ。外国では、日本にないもので、しかも近く日本に構築されるべきものをこそ、見学すべきである。

日本にないものとは、本物のチェーンストア経営である。したがって、本物のチェーンストア経営のみが提供することのできるマス・マーチャンダイジング・システムを、事例で見ることができるのである。このテーマこそが、海外視察旅行が必要な大義であり、それを把握することが唯一の目的であるべきなのだ。

そのためには、小売業先進国のうちでもアメリカが最も優れた手本を示してくれる。とくに最も競争の激しいカリフォルニア州が適切だ。同じアメリカでも、ハワイやグアムは島だから特殊で、本土でも東部地域は歴史が古く、長い時間を費やして発展してきただけに変型が多く、見学がしにくいのである。

マス・マーチャンダイジング・システムのもつ意味をさらに分解すれば、第一は、作る立場からのナショナル・ブランド主義ではなくて、使う立場からトレード・オフ（281ページ「用語解説」参照）された商品をマークすることである。トレード・オフとは、その商品の用途に見合った、必要な性質のみをその商品に与え、なくてもさしつかえない、余分な性質は取り除くことで、従来の常識的なその商品の売価を引き下げることだ。

第二は、豊かな日常の暮らしのための品揃え。第三は、客が買いやすく、買うことそのものが楽しくなるような商品提供の仕方である。第四に、競争に打ち勝つために、変化に対応する挑戦の姿勢である。

こうしたさまざまな表現は、いずれもチェーンストア経営のあるべき形を、角度を変えて見たものだ。

そのためには、訪問先はこれらの目的にふさわしく、きびしく選び抜かれたものでなければならない。日本人のアメリカ流通視察は、逆に奇抜なアイデアや細かいノウハウを拾うことをめざしていることが多いのは残念なことだ。

そこで、アメリカ視察でも事前にやるべきことは、チェーンストアとは何か、マス・マーチャンダイジング・システムとは何を意味するのか、その原則についての勉強である。まさに「出発前の準備の量が、収穫の量に正比例する」のである。

社外の名声チーム

視察渡航の前に、十分なセミナー受講とそれらに関する読書とがあらかじめ必要である。どのような種類のチームに参加しようと、そしてすぐれた熟練したコーディネーターが付き添っていようと、この事前準備の条件だけは不可欠だ。

最も簡単で着実な方法は、評判が確定している社外の定型視察チームに参加することである。

しかしここで大事なのは、本当にチェーンストアのあるべき形を熟知したエキスパートが直接企画にあたったチームであることだ。そこで、見学先の選定から見学の順序の決定まで、主催者自身が十分な下見調査をして検討されたプログラムでなければならない。そうでないと、収穫がまるっきり違ってしまうからだ。

私の所属する日本リテイリングセンターでは、こうしたアメリカ視察チーム（ペガサス・アメリカ視察セミナー）を一九六四年から毎年、春と秋の二回、二〇〇七年からは春のみ（秋は不定期）で実施しているが、一つのチームが終わった途端に次のチームのプログラムとテキスト資料との準備を、それぞれほぼ半年間費やして行なっているのである。しかもチェーンストア経営の専門家が、数人で準備にかかっている。二〇〇九年までに延べ一万八、〇〇〇人が参加しており、わが国では最も伝統と名声と参加者の多いチームなのである。

アメリカ情報に明るいと自称する社内や社外のコーディネーターが引率するチームをしばしば現地で見かけるが、自分で現地の下調べすらしないで説明役を務めるのは、いかにも乱暴である。こうしたところは、視察先を現地の旅行会社にまかせっきりにしているのだが、旅行会社の社員は旅行の専門家だがチェーンストア経営についてはまったくのド素人なのである。

競争の激しいアメリカでは、半年たてば急激な変化が生まれている。さまざまな実験も活発に行なわれている。生半可な翻訳にすぎないマスコミ情報に振り回されないで、本当の動向を知るためには、旅行企画の立案者に、日米両国でのチェーンストアについての専門的な知識が必要なのである。「アメリカに住んでるから」とか、「何度もアメリカに行ったことがある」くらいのことで、動向の本質と経営とがわかるものではないのだ。

あなたの店の客の一人に、「チェーンストアの勉強をするには、どの店を見に行ったらよいのでしょうか」と尋ねてみたとしよう。その答は、「それなら私がいつも買い物に行っている○○スーパーに行ってごらんなさい。とても品質が良くて、安いのよ」とか、「◎◎スーパーの新しい店が先ごろ開店したそうですが、とてもきれいな店で、繁盛していると新聞に書いてありました」といったことであろう。その回答どおりに見に行って、何がわかるのであろうか。

日本でなら、あなたはまさかこんなばかなことはしないだろう。専門家でもないズブの素人に、手本にすべき見学店を質問するなどということを。しかし遠く離れているとか英語ができないなどの事情で、現地に住む人の素人情報をもとに、わざわざアメリカまで出かけて行って意味のない店を見学させられているチームが大部分なのである。意味がないだけならまだよいが、害にさえなりかねない。

一方、カリキュラムも問題である。先に述べたようにファッション・アパレルの専門店の集まりだからといって、視察先に専門店ばかり選ぶのは間違いである。なぜならファッション・アパレルは、アメリカでは専門店よりディスカウント・ストアやゼネラル・マーチャンダイズ・ストアでの売上げがはるかに大きいからである。より大きな勢力を無視した見学では、スキマ探しにすぎないのだ。

チームに参加するのは簡単だが、そのチームの行動計画が価値あるものなのかどうか見きわめることが先決である。誰がどのようにして企画したかを主催者に細かく問い合わせてから、申し込むべきだろう。

自社チームの編成

次に特別の目的をもったプロジェクト・チーム、または教養のために企業独自が視察チームを編成する場合である。

後者に関しては、系列企業の一つに旅行会社を保有する企業もふえていることで、経費節約の意味もあって、年々増加する傾向にある。
ところが、こうした社内アメリカ・セミナーも先に述べたように、各種団体やセミナー会社の主催で実施される視察セミナーと、まったく同じ弊害が生じている。いち早くその弊害に気がついた大手企業のうち数社は、ペガサス・セミナーに切り替えたくらいである。安かろう悪かろうでは、かえって実施しないほうが得策である。

一つの解決策は、チェーンストアの理論勉強も十分で、信用のおける視察チームに何度も繰り返し参加して学んだ経験のある社員が、コーディネーターを務めることである。外部の自称エキスパートを起用するより、はるかに好ましい結果が出ることは間違いない。しかしそれも、参加者がアメリカ視察初回組に限られる。二回目は、専門家の指導を直接に受けるべきである。

プロジェクト・チームの場合

これとは別に、特別のプロジェクトのための任務を負った視察チーム編成は、多くの場合、トップ・マネジメントに属する人が団長として同行することが不可欠である。

理由は、現地で行なった観察結果から、討論による分析へ、そしてわが社の行動としてとるべき判断をある程度まで現地で決めねばならない。そして、明日からの視察方法を変更することまでできないと、帰国後の行動が散漫になってしまうからだ。トップ・マネジメントに属した人がいないと、甲論乙駁となる。

現地でわが社の方針決定まで進めないと、帰国後では疑問点が残ってしまう。決定権をもつ人が現地で共通の概念をもっていれば、話が食い違うことは少ない。

このためのチーム・メンバーは、三人からせいぜい一〇人までが適当である。その場で決定するためには、関係セクションの人々が揃っていることが望ましい。たとえば、主力メンバーは一職能だけで構成し、さらに他の職能から一～二名ずつ混成する。観察、分析、判断（277ページ「用語解説」参照）の作業を、それぞれ別の角度から行なうためである。

課題の選定

チームとしての課題を各担当者のニーズから選定すると、時流からそれてしまう。経営政策や経営戦略を立てる準備のために、いま調査しなければならないことが第一の課題になるべきである。膨大な経費と多くの人の時間をかけるからには、個人が国内で努力すればすむような課題であってはならないのだ。それはトップ・マネジメント側が決定すべき問題である。

これとは別に、継続調査テーマを各メンバーに割り当てることも忘れてはならない。わが社が強化すべき、または克服すべき継続的な課題についてである。帰国後に原則の再確立と制度の手直しをするためだ。

基本は、大チェーンから学ぶことだ。アメリカには、日本にはまだできていない、店数の多い、本物のチェーンストアがごまんとある。小売業なら二〇〇店以上、食堂業なら五〇〇店以上の企業をマークすべきである。その中から、わが社の手本になりそうな企業を二～三社だけ選ぶ。多すぎると、かえって混乱の源になりかねない。

絞られた対象企業のそれぞれを、繰り返し毎日、一～三時間ずつ調べるのである。毎日というところがポイントなのである。調査対象の企業の店で、何が日課として毎日行なわれているかがわかる。さらにその観察を七日間続ければ、週課も知ることができるのだ。こうしないかぎり、店で行なわれている作業はつかめないものなのである。

手本とする企業の中で調査に行く店は、新店と旧店の両方から選ぶことが大切である。一年以内にできた店、五～一〇年前、一〇～二〇年前の、計三類型を比較しながら観察するのだ。どのように変わってきているか、そしてその理由は何なのかを追究するためだ。

さらに、三～四日に一回は、これとは別のニュー・フォーマットの企業と、中型規模のチェーンとを視察先に加える。基本の再確認と、大チェーンとの違いをはっきりさせるためである。もっとも、これには長時間費やす必要はない。短い時間で十分である。

とにかくたくさんの企業を網羅的に見て回るのは、よほどの観察の達人が引率しないかぎり、結論がボケてしまうので、企業単位のチームには決して勧められないのである。

現地での日課

現地では朝は早く起きる。食堂での人々の朝食メニュー、そして服装をウオッチングすることも、視察の一部だからである。もちろん、通勤する人々も路上でウオッチングすべきである。

朝食は、ポピュラーなメニューを片っ端から試してみよう。同行者どうし異なるメニューを注文して分けあえば、より多くの品種と品目とを試すことができる。フード・サービスの勉強に来たのでなくとも、食文化はあらゆる消費生活とつながりをもっているから、それを学ぶことは重要だ。

昼食は、大チェーンのファスト・フード・サービスを利用する。外食産業の中でも、ファスト・フード・サービスは最大の勢力だから、その原点を探ることもチェーンストア経営の勉強の一つである。なぜ多くの人々の支持を得ることができたのか、その原理は同じなのである。

それとは逆に、食堂業の関係者は、小売業の大チェーンで身の回り品やおみやげをどんどん買うべきである。そうすることで、チェーンがどのように住民の生活にとって必要なのか、なぜ便利なのかが、実感としてわかるはずである。

視察から帰ったら、毎晩一～二時間の討論会というスケジュールが必要だ。その日の調査結果を持ち寄って、観察→分析→判断のそれぞれについて討論するためだ。記憶が新鮮なうちに討論を行なえば、結論を出しやすい。討論の結果で、翌日の調査項目の割当てをしなおすのである。

レポートは毎日、個人個人が一定のフォームで記入する。共同製作レポートでは責任があいまいになるから、必ず一人ごとの記入をする。一定のフォームは出発前にあらかじめ、項目を想定して設計しておく。その際、実際に自分の店などで調査して記入してみると、使いやすいものとなることはすでに述べた。

客として行動

見学中、店内では基本的に一人の客として振る舞うべきである。見学者など、店にとっては迷惑なだけだからだ。

日本ではビッグストア・グループの大型新店ともなると、開店三か月以内は黒っぽいスーツを着た、一目で見学者とわかる二～三人のグループをあちらこちらで見かける。店側では、自分も他社で同じことをやっているのだからと、入店そのものには目をつぶってはいるが、売場にたくさんいる店員が見張っていて、メモでも取ろうものならすぐにとんできて注意する、といったぐあいである。

かつてアメリカの店は、日本人の見学者に対しては寛大であった。自分たちは日本人よりもはるかにすぐれているという自負があったから、何でも自由に見せてくれた。ところが一九八〇年代以降、日本の急激な経済発展にアメリカのマスコミが〝逆転の恐怖〟と大げさに反応したために、アメリカ人の優越感からくる寛容さはなくなってしまった。

かといって、人時生産性を重んじるアメリカの店では、日本の店のように見学者を見張るほど暇のある店員が売場に配置されているはずもない。そこでマネジャーが見学者を、入店時に阻止するという店がふえている。ダーク・スーツを着た東洋人のグループの入店を、拒否しているのである。なかには、入れてはくれるが一人当り数十ドルの見学料を請求するという、とんでもない店が現われたくらいだ。

このようなことになるのは、一目で見学者とわかる様子だからである。第一に徒党を組んで店に入ってくる。第二に、一般客とかけ離れた服装をしている。それに加えて、大型の旅行用ショルダーバッグやバック・パック、そしてカメラまで持っている。店側にしてみれば、こうした一風変わったグループに主通路をふさがれ、客の通行のじゃまをされるのは、迷惑以外の何ものでもない。

そこで、われわれが見学者となる場合は、店内では一人で行動すること。複数で見て回るということは、道をふさぐことになる。立ち止まって、会話をすることになる。しかも、批判的な会話をしていればそれは表情で店員にもわかるから、愉快なはずがない。自分が逆の立場に立った場合を考えれば、わかることだ。

本当はこれまで述べたように、あらかじめ調査の分担を決め、項目が頭に入っていれば、店内を連れ立ってぶらぶら歩き、立ち止まっては会話をするなど、ありえないことなのだ。目的がないから店側にじゃま者と見なされるのである。店内では一人で調査に動き回り、打合せはあらかじめ時刻を決めて、イート・インやレストランを利用すべきである。

服装は、客と同じように装うべきだ。サバブの店を見学するなら、客と同じふだん着を着て出かける。目立っては客の迷惑になる、と店側が考えるのはアメリカでも同じである。サバブの店ならカジュアル・ウエアだが、ダウンタウンのファッション・リーダー・ショップを見学するなら、ジャケットとドレス・シューズで出かける。現地でこの逆を行っている日本人が多いのは残念である。

最後に、いちばん重要なのは、買い物をすることである。日本のビッグストアの新店見学者のうち、開店当初最も多いのは各社の店舗開発担当者なのだが、彼らは最初から商品には興味をもっていないから、買い物をしないで見学だけで帰ってしまう。これは実に失礼な行為だ、と反省するべきである。

店側にとって見学者は、買い物をすれば見学者ではなく客になるのである。

日本の店でもアメリカの店でも、写真撮影は原則としては禁止である。もともと、きちんと現場で見ておけば写真を撮る必要などないことはすでに述べた。だから、許可がないかぎり写真を撮るのは諦めよう。

アメリカの場合、売場に店員が少ないからいいだろうと思っても、客が画面に入ったと思えば必ず文句が出る。本当のところ客を撮ったのではないにしても、肖像権の侵害にはきびしい国だけに、やっかいなことになりかねない。そうなると、限りある時間のむだづかいになるので、冒険をおかさないことだ。

次に、客として入店するからには、客としてのルールを守ることが大切である。たとえばアメリカのディスカウント・ストアやスーパー・スーパーマーケットなど、集中レジ方式を採用している場合、急ぎの客がレジ待ちせずに通れるように、購買アイテム数の制限以内で現金扱いのみの〝エキスプレス・レーン〟を設けている。品目制限数は表示が出ているから、英語がわからないふりをしないで、必ずサインを見て従うことだ。

めずらしいから日本人は外国人に寛大だが、アメリカは多民族国家だから、カジュアルな服装をしてれば、われわれでもアメリカ人に見えるものなのだ。そこで、客としてのルールを守らないと、他の客から文句が出て、マネジャーがとんでくることになりかねない。

スーパー・スーパーマーケットのデリ売場など、対面販売では順番をきちんと守らないといけない。自分より前にいた人が誰なのか覚えておかないと、これも文句を言われることになる。要領のいい人が得をするということは、アメリカでは許されない。日本のように、誰も泣き寝入りをする人はいないからだ。ともかく先着順なのである。順番をとるための番号発行機を備えている売場では、番号の書いてある券を取って、番号を呼ばれるまで待つ。

客として行動するからには、客としてのルールを知らねばならない。慣れない場所でも、他の客がどうしているか観察していれば、英語がわからなくても困ることはない。

しかし日本人は、誰もが学校教育で英語を教わっているのだから、おっくうがらずにサインだけでも読む努力をしよう。これも、店舗見学の勉強である。

アメリカ・セミナーの視察中、参加者の中に店長や店員の話が聞きたいと言い出す人がいる。いろいろ推定するより、本当のところを知っている人に質問すれば手っ取り早いと考えるのだろう。

しかしこの考えは、はっきりいって甘い。相手方から見れば、見学者は店にとってなんらの得をもたらすものではないからだ。たとえ買い物をしたところで、見学者が客に変わっただけで、経営上のノウハウをわざわざ知らせるべき理由はない。競争相手でもないからいいだろうというのは、こちらの身勝手というもので、気軽に教えてくれるほどのお人よしが、この世にいるはずがない。

あなたの店に見知らぬ人物がやってきて、経営上の何かを教えてくれといっても、あなたが相手にしないのと同じである。

もともと、店長クラスの人が企業の重要な経営政策や経営戦略を、本当の意味で理解しているかどうかは疑問である。とくにアメリカの場合、答はノーである。彼らは店長の職務には精通しているが、経営政策までは本当の意図は知らされていない。本人が知っていると思っても、そうでない場合が多いのだ。

それなのに、せっかくアメリカまで視察に出かけて行って、ホテルへ店長を呼び出してその講義を聴いていたりする。時間のむだづかいになるだけならよいが、間違った情報を入手することになりかねない。そんな時間があるのなら、一軒の店だけを数時間かけて徹底的にマークすべきなのだ。そうすれば、その企業について、たくさんの真実を知ることができるのである。

次に、日本人のアメリカのチェーン本部への巡礼が引きも切らないというが、店の観察という裏付けなしで本部に出かけて行き、自己努力なしで貴重なノウハウを教わろうとしても、まったく無意味である。もともとトップ・マネジメントと会わなければ話にもならないが、会えるのは広報担当者だ。彼らと握手をして、本部の建物を案内してもらうだけだから、むだな時間でしかない。

それでは、あらかじめ本部へコネを通じてトップと面談のアポイントメントをとればいいのかというと、それも同じように甘い考えだ。こうした場合、相手はさしさわりのない話をしてお茶を濁すだけである。重要なポイントは、たとえ知っていても漏らすはずがない。有利な見返りがないかぎり、こちらが求めている答が引き出せるはずがないのだ。

そのむりを承知で、私の属する日本リテイリングセンターはこの五十余年間に一〇〇社を超える本部訪問によるトップ面接調査をしてきているが、それにはストア・コンパリゾンに熟練したあと、店舗見学によって押えた問題点を証拠として相手からうまく本当のことを引き出す、インタビューの技術が必要なのである。

こうした熟練者がいないかぎり、調査の時間のすべてを店舗見学に当てたほうが、膨大な成果が期待できるのだ。

海外視察の事前準備としてまず取り組まねばならないことは、基礎知識の学習である。以前に勉強したことがあるとしても、忘れていることも多いはずだから、過去に受講したセミナーのテキストや、基礎的な単行本と資料との復習をしよう。チェーンストア理論の基礎学力が初めからない人は、一から基本勉強が必要である。特別なプロジェクト調査の場合は、こうした初心者をメンバーに入れてはいけないのだ。

まずメンバーの全員が使う用語の統一のためには、専門経営用語の正しい意味の理解が先決である。この場合、職位の上のほうの人々がおいてきぼりになることが多いので、用語集を全員に配布するのが賢明である。

先に述べたように他社の見学を有効に実行するためには、まずわが社の実態を知ることである。そのために、わが社の新店と五年以上前にできた旧店を見学する。あとで外国の店の調査データと比較するためには、あらかじめ一定のフォームを作り、そのフォームにわが社の店の観察内容を記入していく方法が能率的である。

わが社とその仮想敵の店の商品構成グラフの作成も、不可欠である。これを比較することで、各社の商品政策の実態を知ることができる。商品構成グラフはどんな場合でも、店舗見学の武器なのである。

特別調査プロジェクトの場合は、テーマ別の調査表のフォームをどう作るかが調査結果を左右する。この時、完全なフォームを作るためには、想定した項目で自社の店の実態を調査し、そこで不足を補い、不適当な部分を変更し、どのくらい完全に近づけるかが、成否を分けるだろう。

事後対策

視察後は、現地に行かなかった人も含めて、テーマごとにグループ討論をすることだ。現地でそのつど討論会を開いてきたとしても、次の点で総括がいるのだ。①テーマを絞る。②討論に参加する人の職位と機能を広げる。③わが社と、そして国内の仮想敵と、外国の手本となる企業との比較を討論の中心とする。この場合、現地で毎日作成した調査表と現地での討論のまとめが、帰国後討論のたたき台になるのは当然である。

討論を進めながら、「わかったこと」、「正しいこと」を課題別にまとめる。そうして、課題ごとにまとめたものをもとに、新しい課題としてニュー・プロジェクト計画を起案するのである。

計画に必要な項目は、

① 誰が

② いつまでに

③ 何をすべきか

④ いつその結果を証明するのか

を表にして、計画の日時を決めていく。そこまでが、視察直後に調査者が果たすべき義務である。

III——ストア・コンパリゾンの実際

1　フォーマット

フォーマット（281ページ「用語解説」参照）とは、アメリカで確立された「業態類型」のことである。チェーンストアとしての商売の型であると同時に、品揃えの仕方の種類のことである。

あなたの所属する企業が、どのフォーマットをめざしているのか、それが他のフォーマットに比べて、品揃えや店づくりの方法上どのような特徴をもっているべきか、あなたは知っていなければならない。フォーマットに関する知識は、店舗見学には欠かせない。フォーマットによって、評価内容が違ってくるからだ。

このフォーマットの違いを知るには、すでに確立されているアメリカの各フォーマットの代表企業を、比較しながら見学することが最も有効な手段である。

アメリカのチェーンストア産業は、一〇〇年以上にわたって、今日のフォーマットを築きあげた。一時は花形だったのに、今は消滅したフォーマットもある。真空マーケットを突いて、一挙に拡大中のフォーマットもある。優勝劣敗と適者生存の戦いが続く。とりあえずは、われわれはアメリカで成功したフォーマットだけを受け継ぐことにしたいのだ。

産業が発達した今日、一つの店であらゆる買い物をすませるという人はいない。たとえばどんなに金持ちでも、洋服はすべてシャネルの店で買い、毎日の食べ物はすべて東京・青山の紀ノ国屋で買い物をする、という人はいないのである。

特別なよそ行きのベスト・プライスの商品をシャネルの店で買っても、ふだんの外出着は百貨店か専門店で、モデレート・プライスの商品を買うだろう。家庭内で着るのは、日本型スーパーストアで買うはずだ。月に二〜三回は紀ノ国屋でグルメ食品を買っても、ふだんは牛乳やほうれんそうを買うのにわざわざ青山まで出かけないはずだ。近所のスーパーマーケットで、ふつうの食品や日用品を買うはずである。同じものなら安いほうがよい。それは、金持ちならなおさらそう考える。

逆に収入の少ない人なら、ふだんに着るセーターやパンツは日本型スーパーストアかポピュラー・プライスの専門店で商品を買うが、職業がセールスマンなら、ビジネススーツだけは百貨店で高いものを買うのかもしれない。

人々はそれぞれ使用目的によって、違うレベルの買い物をする。高収入の人が常に高いものを買い、低収入の人が常に安いものを買うとは限らないのだ。だから商品の品揃えは、客の所得や社会的地位や職業の違いでは決められないのである。

そのため品揃えは、ＴＰＯＳ（279ページ「用語解説」参照）つまりタイム、プレイス、オケージョン（動機）、ライフ・スタイル（価値基準）で分類する。そうすれば、誰にでも共通の品揃えになるからである。たとえば「ピクニックに行くときに必要なもの」として商品を集めれば、高級品も低級品もない。誰もが値段に大差のない同じような、たくさんの品を使うのだ。

たとえばポットなら、百貨店には最新型デザイナー・ブランドのモダンなスタイルの高額ポットが売っているかもしれないが、「ピクニック用品」の売場には、値段が高いとか安いとかいう問題ではなく、持ち運びに便利で、屋外で使いやすいシンプルなものという選択基準で選ばれた商品が並ぶはずである。

次に、スポーツならどうだろうか。スポーツは、初心者と上級者では使うものが大きく違ってくる。品種そのものは同じでも、初心者用は値段が安く、上級者用は値段が高い。これも収入の差ではなく、腕の差で使うものが違ってくる。この場合、初心者用の商品は粗末にできているということではなく、扱いやすいようにシンプルにできているのである。その結果、値段は安くなる。

それとは対照的に、上級者用の商品は技術レベルが高く、その器具を扱い慣れた人用である。だから、複雑で微妙な扱いにも反応する商品である。そしてその製作には高度な技術を要するから、したがって高価な商品である。お金に余裕があっても、〝腕〟がなければ使えないものだ。

このスポーツの場合は、たとえば同じ品種であるテニス用品でも、二つの異なったTPOSがあることになる。同じ一人の人間でも、初めてテニスを習いはじめるときに揃えるテニス用具と、腕が上達してから買い替えるテニス用具では、TPOSが異なるのだ。収入の差とか、学歴の差ではないのである。

この二つの異なるTPOSの商品を扱う店または売場は、区別されるべきである。なぜなら、テニスの初心者は上級者用の商品には用がないし、逆に上級者には初心者用の商品には用はないからだ。

アメリカの例なら、初心者用はディスカウント・ストアのスポーツ用品売場で売っている。上級者用は専門店で売っている。同じ専門店でも売場が一、〇〇〇坪もあるスペシャルティ・スーパーストアなら、初心者用を豊富に、そして売場を区別して、上級者用を少しだけ置いている。

こうした上級者用の商品を売る店が大チェーンにならない理由は、初心者が上級者になる前にテニスをやめてしまう場合が多いからである。いわゆる三日坊主だ。ディスカウント・ストアは数少ないスポーツの上級者よりも、より人数の多い三日坊主を客としている。より多くの人々がかかわるTPOSをモットーにしたからこそ、ディスカウント・ストアは大企業に成長することができたのである。

フォーマットの違いはTPOSの違いである。そしていずれの場合でも、客層が広く、需要の多いＴＰＯＳをターゲットにしたフォーマットが、拡大の可能性を秘めているのである。

アメリカの客は、本来いろいろなフォーマットの店で買い物をする。たとえば来客用のディナー・プレイトが欲しいのなら、百貨店で品選びをするはずだ。ところが同じ皿でも、朝はトースト、昼はサンドイッチ、そしておやつのたびに、家族の全員が一日に何度も使う皿が欲しいのなら、客はそれをディスカウント・ストアで買うのである。

誰にとってもふだん用なら、気軽に使える品が本当に優れた商品といえるはずである。安いから、たまたま割っても心が傷まない。それを割った子供を叱りつける必要もない。

しかも、ＤＳの商品は安いだけでなくファッショナブルなのだから、流行のスタイルの新しい皿を購入するのも、かえって新たな楽しみになることなのだ。

皿が割れる確率は、その値段には関係がない。使用頻度に正比例してその確率は高まるものだ。だからこの場合の用途には、百貨店で買った高価な英国製チャイナは適していない。割れることを心配していては、気軽に使えないからである。気軽に使えないのならば、本当の意味での〝暮らし〟用品とはいえない。つまりそれは、毎日の暮らしにとっては劣質品といえるだろう。

このようにアメリカの客は、ＴＰＯＳ（タイム、プレイス、オケージョン、ライフ・スタイル）によって商品を使い分ける。それぞれ買う店を買い分けるのだ。

パワー・センターとは

アメリカでパワー・センターという言葉が頻繁に使われるようになったのは、一九九〇年代に入ってからのことだ。第一号の誕生は一九八四年で、意味はパワーという言葉が示すとおり、吸客力が特別に強いＳＣのことである。

ＳＣの規模としては中型のコミュニティ・ショッピングセンター（ＣＳＣ）に属するが、なかにはリージョナル・ショッピングセンター（ＲＳＣ）に匹敵する大型のものもある。だいたいリース面積は七、〇〇〇坪型から二万坪型だ。形はオープンエア（モールに屋根がない）形式。店が横一列またはＬ字形かコの字形に並んだその前に、広大な駐車場が配置される。

駐車台数は総リース面積二・五〜三坪に一台で、既存ＳＣのそれと比較して駐車台数は、パワー・センターが五割以上も多い。駐車能力の大きさも、パワー・センターの特徴の一つである。

しかし最大の特殊性は、核のあり方である。

第一に、ＳＣとしての総リース面積のうち六〇〜八〇％は核店が占めていて、ＲＳＣとは逆である。言い換えれば、核店は三〜八店、核店ばかりのセンターもあるのだ。

第二に、核店のすべてがディスカウンティング・フォーマットのマス・リテイラーに限られていることだ。必ず、ディスカウンティング・フォーマットとして最大の勢力、DSが入店し、さらに過去一五年間あまりの間に新しく生まれたフォーマット（大部分はカテゴリーキラーと呼ばれているもの）が核店として出店しているのが、パワー・センターなのである。だから、日本でそう名のれるセンターは、現在でも全国で数か所だけで、自称パワー・センターはほとんどにせものなのだ。

その平均的な商圏人口は、一五万人を超える。コンベンショナルなCSCなら五万〜七万人だから、商圏人口から見れば、パワー・センターはRSC並みに広い範囲から客を集めていることになる。このように大商圏型SCだから、数はたくさんは作れない宿命をもっている。

同時に、コンベンショナルなCSCより客の来店が低頻度になる。ふつう一か月か二か月に一度である。

敷地は三万〜一〇万坪、RSCに隣接して敷地を確保する、コンビニエンス・センターの形式をとる場合も少なくない。RSCが目的でやってくる客も吸収しよう、というものだ。逆に、RSCにとっても相乗効果が期待できるのだ。

RSCのコンビニエンス・センターの形をとらない場合は、地価の低いまだ未開発の地区、つまり現在開発が進められようとしているサバブの外側で、地価が極度に低いところである。少額投資の徹底ぶりにかけては、小型のネバファッドSC並みでなければならない。

にせものパワー・センターと本物とは、視察の際にはっきりと見きわめるべきである。

2 立地

古今東西共通して、店の売上高は立地と売場面積と商品構成の三つで、ほぼ決まってしまうものだ。アメリカのように流通業が成熟している国では、商品構成が競争に勝つための決め手となるのだが、日本では各社とも経営形態や経営戦略がまだあいまいなために、立地と面積の二つだけで売上高の大半を左右することになりやすい。

成績が良いとの評判を聞いて見に行ってみると、この本に書いてある店のあるべき形にほど遠いのだが、立地の良さと売場の広さだけで繁盛している店が少なくないのである。そこで店舗見学方法の原則を知らないと、まねてはいけないことばかり拾ってくることになりかねないのだ。

ここで、良い立地とは何かを考えてみよう。その答はただ一つ、「客が集まって来やすい」ということである。

これまで日本では、乗換え駅の近くとか、通行量が多いところとされてきた。言い換えれば、地価の高いところが良い立地とされてきたのである。しかしこうした場所に人が集まるのは、もとはといえば買い物が目的ではなく、通勤や通学目的の通り道だから通行量が多かっただけだ。そこに小売業や飲食業が、通行量が多いからという理由で店を作ったから、駅前、駅裏、駅ビル、商店街ができたのである。

一九八〇年代から車が一般家庭に普及して以降というものは、駅前商店街ほど客が集まりにくい場所はない。駐車場はないし、交通渋滞は慢性化しているからだ。考えてみれば、もともと駅前が一般の買い物客にとって便利だったわけではないのである。

人が買い物のために集まりやすい立地とは、数々の社会的・経済的な要因、とくに居住地区の移動によって大変化するものである。そこで、五年ごとにわが社の出店立地の方針を検討することは、経営戦略上の重要な対策の一つなのである。

二〇二〇年ごろまでは、サバブ（都市の外郭、新興住宅開発地帯）のSC内が良い立地の条件である。しかし、良い立地とは絶えず変化しているものだということを、念頭に置いていなければならない。

今ではアーバン（旧市街地）の駅前やダウンタウン（旧商店街、繁華街）は、悪い立地である。東京・銀座の地価が多少下がっても、これから短期間に何倍もの規模に成長することをねらっている流通業にとって、出店適地ではない。

なぜなら、社会的開発が活発に行なわれているサバブからはほど遠く、周辺の住民はどんどん減少している。そこまで買い物に出かけることは、消費者の大部分にとって、これほど不便なことはないのである。

次に、近隣人口が少ない以上、その店の商圏は拡大せざるをえない。そのためには広告宣伝費がかかる。商圏が広い分、来店客のＴＰＯＳが限定しにくいため、扱い商品の価格帯は際限なく広がってゆき、チェーン化とは逆行してしまう。さらに地価が割高だから、適正規模の売場面積を確保しにくく、いわんや、建築構造上の制約も多いうえに、ＳＣとしての計画的集積化ができないのである。言い換えれば、二十一世紀型ではないのだ。

さらに、投資額に見合った収益率向上と商品の配送でも、合理的なシステムを作ることはまったく不可能なのだ。

このような理由で、アーバン地区やダウンタウンに立地する店舗はあの手この手のゲリラ戦術を駆使している。しかもこの状態は悪化することがあっても、決して改善されることはないのである。

サバブの良さを並べてみよう。

① 住宅の開発によって居住人口がふえていること。
② 購買力が大きく、従来の買い物慣習にとらわれない、比較的若い家族世帯であること。
③ 中産階級が大部分で、低所得者と一部の高額所得者が少ないこと。
④ 地価がアーバンより低いこと。
⑤ 適正規模（最大効果をあげられる施設の広さ）の売場と十分な駐車場が確保しやすいこと。

したがって、サバブとは、購買力が凝縮できる場所である。間もなく小売り売上高と収益の大部分は、サバブから得られることになる。

だからこそ、見学店はサバブにある店、という絶対条件がつくのである。

サバブの店舗を見学する前に、立地の勉強に必要な準備がいる。地図を用意して、主要幹線道路（国道と県道とバイパス）と電車路線、駅や橋にしるしをつけておく。

自動車用の道路地図ではなくて、市街地図のほうが便利である。さらに近未来の都市計画道路を掲載したものが望ましい。たいていの地図には大型小売り店舗の位置と店名がすでに印刷されているから、それにもわかりやすい色でしるしをつけておくのがよい。団地や募集中の分譲住宅アパート群の位置と人口分布も、一、〇〇〇人単位であらかじめ調べられる内容である。

もう一つ重要なのは、見学店と同一企業の他の店の位置である。これも、地図上に記入する。そうすることで、企業のその地区での勢力を知ることができる。それは、店舗見学で発見された数々の問題点を検討するときに必要な材料になるのだ。

接近の仕方

実際の店舗見学は、車で出かけることをお勧めする。最寄りの高速道路か主要幹線道路から降りるところからは、回りに何があるのか注意して見る。途中の道路にある競合店、フード・サービス業の出店状況、車の通行量などを観察しながら、店に近づいてゆく。

自分で運転していると地図を見ることも、メモを取ることもできないから、二人以上のメンバーで行動する。店舗見学には、立場の違う人々が自分の発見を交換し、討論することが不可欠なのである。

目的の店舗にはすぐに入らず、位置だけ確認したら、車で二〇分間以内の周辺は、東西南北それぞれ走り回って、あらかじめ調べておいた住宅密集地帯、競合店、駅などを実地に見て回る。つまり、その店の商圏の事情を視察するのである。広い空地を見つけたら、近くの人に何ができる予定なのか聞いてみよう。交通輻輳や交通規制、案内掲示板の立て方までマークするのである。

その時、その企業の既存店との関係も念頭に置きたい。チェーンストアとして大事な経営戦略である、ドミナント・エイリアづくり（じゅうたん爆撃的出店）対策を調べるためだ。

店舗の寿命

店舗の寿命は、一五〜二〇年間である。それだけの期間は楽に儲かるのが、良い立地の本質である。

ダウンタウンは、都市再開発が進行しても、寿命は近々終了する。

しかしサバブでも、フリー・スタンディング（一店だけ単独で出店している店）であるなら、寿命は短い。今後の競争はあくまでSCにかなわないのだ。建物の前方と後方に広い道路があることも、条件になる。

最後に、同一企業の他の店舗とまったくかけ離れて点として存在する店舗、つまり商勢圏以外の地区にポツンと出店している店の寿命は短い。競争の時代に突入すれば、包囲攻撃を受けるだろう。商品配送もコスト高となるに違いない。

こうした理屈を念頭に置いて、見学店が楽にやっていけるかどうかを診断してみよう。

前向きの企業なら、必ずこうした今後の地価高騰が期待できる土地を選ぶこととなる。同時に、その企業全体の店舗の中で、自己所有とテナント出店の比率もテーマにすべきである。

リース条件では、保証金と敷金は少なく、賃借料はやや高めでも我慢することが正しい。しかし全般にはこの逆で、保証金と敷金は一時的なものだから高くてもよいが、毎月支払わなければならない賃借料は低く抑えたいと考える。ところがそれは間違いである。

投資コスト

良い立地かどうか判断するためには、経営上当然に投資コストが問題となる。そこで総資本回転率が決め手になる。土地も建物も所有なら初年度から一回転以上、なるべく一・五回転以上か三年目には二回転を超さねばならない。地価が高いところでは、資本の収益性は確保できないのだ。

したがって、地価が低いほど良い立地だということができる。さらに低い地価であるだけでなく、店が開店した後、地価が一挙に高騰するところが、さらにより良い立地である。

投資という面から考えれば、資産の大部分は固定資産として投資されるべきだが、出店速度を上げるためには、すべての土地を自己所有するわけにはいかない。当然、リース出店も並行して必要だ。

そこで、新規出店する中から自己所有する物件を選ぶなら、できるだけ地価の安いところで決めることになる。土地の実際の取引価格は、近くの不動産業者にあたれば大体のことは即座にわかるものだ。

こうして、地価の傾向とＳＣへの入居条件と支出条件とを投資コストの面から見きわめることも、店舗見学の大事な項目である。

もしもその店が保証金なしで出店していた場合は、その企業は集客力のある強力なチェーンであることを、ディベローパー側が認めていて、そのチェーンの出店を切望したためである。そのチェーンが加わることによって、ＳＣ全体が活気づくのなら、ディベローパー側は喜んでテナント側に有利な条件を提示してくれるのだ。

それとも、保証金なしで入居した店が、そんな力をもち合わせていないのが明白ならば、約束手形の延払いで、結果的にはかえって高くついてくるかもしれない。

いずれにしても、損益計算は二年目が終わった段階で、開店費用も含めて黒字になっていなければならない。さらに、開店費用を除けば初年度から黒字になり、総資本対経常利益率は三年目で一〇％を超えることが望ましい。

このように資本の収益性が良い店こそ、本当は見学の対象にまず選ぶべきである。単によく売れているというだけの理由で、見学店を選んではいけないのだ。

商勢圏

商勢圏とは、その企業の店舗が集中的に出店している地区を指す。

その企業の商勢圏の選択が有利なものであったのかどうかも、見きわめる必要がある。

その条件は三つあって、第一に、店の対象となる潜在客数人口が多い地域であること。そして、今後の人口増加が見込まれることも重要である。

第二に、強力なチェーンがまだ勢力を伸ばしていない地域であること。日本の場合、まだいくらでも存在する。

第三に、地価が低い地域であること。

これらは、自治体単位で考えるのではない。一商勢圏内の人口は、一二〇万～二八〇万人が目安である。

日本では商勢圏をまったく考慮に入れない展開の仕方が多く、これらは点作戦または線作戦として、チェーンストア経営システムとしては落第だ。

次に、見学店舗が存在する商勢圏について、別の見方を説明する。

第一に、本当に前向きのチェーンなら、その企業がもともと発生した地区からはとっくに撤退し、もっと有利な地域に商勢圏づくりを手がけているはずだ。

第二に、その商勢圏の中でその企業は、ドミナント・エイリア（dominant area）づくりをしているのか。ドミナント・エイリアとは、その商勢圏ではわが社が圧倒的な勢力、つまり店数を誇り、その専門の商品分野においては徹底的に購買力を寡占できる地域のことだ。

チェーンストアは必ずこのような地域を、複数でもっていなければならないものなのだ。

ドミナント・エイリアに属する店舗は、互いにそれぞれの店の商圏の境界が隣接しており、すべての点で標準化が徹底し、定石どおりに運営されているのが常である。したがって、チェーン化の勉強にはもってこいの店であるはずだ。

第三に、無店地帯に単独出店している場合である。企業側としては、楽に荒稼ぎできるが、長期的には必ず孤立して負け犬になってしまうのだ。

これらの関係は、店舗見学の際、念頭に置くことである。

商圏はできるだけ狭いほうが、購買力の寡占が可能となる。多店化もしやすい。マス化も容易だ。

だから小商圏で成功している店を選んで見学するべきであって、逆に客が遠くからやってくることを自慢している大商圏店は、見学に値しないのである。マスコミはこうしただめな店をPRしがちなので、だまされてはならない。

商圏を狭く、商圏どうしを隣接させて出店するということは、商勢圏を計画的に分割していることになる。

3　ショッピングセンター

日本ではロード・サイド店と呼ばれているが、道路沿いに店があるのは当り前のことで、まったく無意味な語法である。もしもSC内出店に対して単独店という意味なら、正しくはフリー・スタンディングと呼ぶべきものである。

わが国のロード・サイド店というのは、専門店がダウンタウン立地から抜け出して、①従来の面積よりも大型の店を、②駐車場つきで、③幹線道路沿いに設けたものを指している。これについて店舗見学をする際に理解しておかねばならぬことは、評価すべき点と、そうでない点の区別である。

良い点は、①立地がサバブであること、②売場面積が広いこと（もっとも、一五〇坪では国際水準からすると小さすぎる）、③ワンフロアであること（一部に二階型が

フリー・スタンディング

あるのはだめ）、④駐車場が十分にあること、の四つである。逆にいうと、この条件が揃っていない以上、わざわざ見る価値はないことになる。

次は、まねてはいけない点であるが、それはフリー・スタンディングであることだ。つまり、SC内出店の形をとらずに、単独で出店していること。これは、今後絶対にしてはいけない。

その理由は、一九九五年からSC建設が猛烈に活発化し、流通業はSC間競争の時代に突入しているからだ。客はフリー・スタンディングの店に一軒一軒車を停めて立ち寄り、目的のものを一つずつ買い足していくより、核店や多くのテナントの集合体であるSC一か所で買い物をすませたほうが便利に決まっているからだ。そのうえ、交通輻輳が激化した今日では、フリー・スタンディングの店に車で右折して入ることはできない状況で、アクセスがむずかしい店となっているのだ。

そこで小売業界の先進国であるアメリカの例を見ると、フリー・スタンディングの店は、その店自身がよほど大型の総合店で、その店だけが目的で広い客層の人々が買い物に来てくれる魅力的な店に限られる。そうでなければ、SCに出店しているのである。したがって数百坪規模の専門店一店だけでは、まず集客はむりなのである。

フリー・スタンディングでも生存可能な店の条件は、①総合店であると同時に、

②大チェーンでなければならないのだ。このような資格がある店がフリー・スタンディングで出店すれば、その近隣の立地には必ず小型のSCやコンビニエンス・センターが間もなく建設されて、結局大商業集積を形成することになるのである。けれども今日、全国的に眺めてみると、大型、中型、小型のSC、そしてそのコンビニエンス・センターが、ディベローパーによって初めから一つの大商業集積とした開発計画が日白押しである。だからアメリカで一九五〇年代にはやって、六〇年代には一挙に凋落したフリー・スタンディング店は、日本でも早晩消滅する過渡期の産物なのである。

企業拡大をめざすには、SCに出店している店舗ばかりを見るべきなのだ。ただ、専門店の大型のものは、現在のところロード・サイド店に多いために、しばらくは見学の対象になるだけだ。

学ぶべきことと、学んではいけないことを、しっかり見きわめた見学をすることにしよう。

さて、核店舗（五〇〇坪以上の大型店）を欠いた店舗の集合体は、SCとは呼べない。

つまり、駅ビルや地下街、寄合い百貨店、ファッション・ビル、小売市場などは、SCではないのである。

都市のアーバン地区にあるこのような店舗集積は、①ディストネーション・ストア（ついでに立ち寄るのではなく客がめざす店）として集客力を備えた核店がないこと、②駐車場が狭小、③駐車場が有料、④近くの接近道路が混雑または交通規則がきびしい、といった決定的な欠陥をもち合わせているため、将来の生存可能性はまったくない。

したがって、将来性のある本格的なSCをこそ、正確に見学しなければならないのだ。

その条件は、

① サバブ（新しい住宅建築が急速に進められている地域）に立地すること。

② 単独で周辺から客を引き寄せるパワーのある大型（一店当り売場面積が五〇〇坪以上）の〝核〟店が入居していること（一五〇坪のスーパーマーケットは核店ではない）。

③ なるべく異種フォーマットの核店が複数あること。

④ 隣接した無料の大駐車場があること（数十メートル、時には一〇〇メートルも離れた駐車場は、ないに等しい）。

⑤ 一般家庭を対象に家族連れの買い物をねらう（ヤングだけ来るのではだめ）。

⑥　商店の集団として全体が一つのまとまったイメージ・ねらいで計画され、共通の経営政策で運営されていること。

⑦　核以外のテナントが一〇店以上入居していること（アメリカの本格的なSCは、大型のものになるとテナントが一五〇以上も出店している。三～五店ではだめ）。

⑧　四階以上の高層ビルでないこと。基本は小型・中型SCで一階型、大型でも二階型（一部核店のみ三階型）までである。

SCの条件はほかにもあるのだが、見学の目安にするにはこの八項目をマークすればよいだろう。

大手企業の店舗の中には、新店の中にもアーバン立地の店舗がある。これは見学してもあまり意味がない。いわんや駅前や駅裏、さらに旧繁華商店街の再開発型では、時間のむだである。せっかく見に行くのなら、本格的なSCに限る。

オープンエア・センターとエンクローズド・モール

SCの構造には、モール（全テナント店舗をつなぐ共通歩道）部分に屋根のないオープンエア・センター形式と、屋根つきのエンクローズド・モール形式がある。日本では小型のSCも大型のものも、大多数のものが後者である。

見学対象には、本格的なSCをめざしているところを選ぶべきである。

ＳＣは規模の違いで五種類に分類されている。その類型は、表Ⅲ―１に、日本の場合とアメリカの場合とを区別して示した。

ここで注目してほしいことは、日本では多くの人がＳＣ時代といえば大型ＳＣのことだと受けとめているのは間違いだ、という点だ。実際の占拠率は、件数でも売上げでも中型と小型のＳＣのほうが、はるかに比率が高いのだ。アメリカのＳＣ数の九五％は小型（六割強）、中型（三割強）である。大型はわずか五％にすぎないのだ。これはアメリカの統計であるが、日本もほぼ間違いなくこの状態に追随する。

そしてアメリカでは、全ＳＣ数の九五％以上がオープンエア・センターなのである。もしもいまだに気候のことにこだわっている人がいれば、全米には雨や雪の多い地方もあれば、寒さや暑さが極端な地方もある。カリフォルニア州のように毎日晴天が続くが、冬だけ多雨という土地もある。アメリカのほうが、日本よりも気候の変化に富んでいる。

エンクローズド・モールの決定的な短所は、初期投資額が大きく、開業後も空調コストがかかりすぎることである。そこでアメリカでは、設備投資が少なく、空調コストも不要なオープンエア型が大部分のＳＣに採用されているのである。空調は、個々の店舗内で行なっているだけである。

アメリカでもＳＣの数の五％だけを占めるリージョナル（大型）ＳＣの場合、テナントが一〇〇以上も入居しているため、客のSCでの停滞時間をできるだけふやす目的で、空調コントロール可能なエンクローズド・モールが主力である。モールの両側にテナントを配置し、ゆっくりモールを歩きながら左右の店を見てもらおうという魂胆である。

最近では、リージョナルSCの分野でもオープンエア型の長所が見直されている。一九九〇年代はエンクローズド・モールでありながら、天井をガラス張りにして自然光を引き込み、屋外を歩いている快適さを取り入れると同時に、空調や照明のエネルギー・コストを下げる工夫のあるエンクローズド・モールもどきも流行したが、二十一世紀からは新型はオープンエア・センターである。

せっかく時間と費用をかけてアメリカ視察に行っても、数としてはごくわずかな、非主流のエンクローズド・モール型SCだけしか見てこない人が多いのは残念である。

日本ではまだ大型も小型も、オープンエア・センターのSCの例が極端に少ない。しかし最近、多少参考になるオープンエア型がいくつか出現しはじめている。こうした前向きな例を、ぜひ見学すべきである。

※は重要

RSC	SRSC	
リージョナル	スーパーリージョナル	
Regional	Super Regional	
1,966	437	
4％	1％	
19％	11％	
エンクローズド・モール、一部オープンエア・センター		
GMS、Dept、DS	GMS、Dept	Factory Outlet
OPS 本・アパレル・HFaのスーパーストア型SS	FLS エンターテイメント施設(映画館、スケートリンクなど)	
ロアー・モデレートプライスのSS FFSとテーブルサービスRe.	モデレートとベターとベストプライスのSS FFSとテーブルサービスRe.	
5万～12万坪	7万～20万坪	
1.1万～2.2万坪	2.2万坪以上	
15万人	69万人	
12～25万人	40～100万人	
月1回	年に2～4回	
大人の服飾とギフト	特別な外出	
家族連れ、友人や同居していない家族とも		
・特別なよそいき着や長年使い続ける耐久商品 ・“おつかいもの”の購入	第1の目的は遊びに行くことで買物ではない ウインドウショッピング主力	
・平日は朝10時から夜9時まで ・土曜日は夜7時ごろまで ・日曜日は朝11時から夕方5時ごろまで ・核店はセール時、朝8時から夜11時までも		
新設は僅少、空室埋まらず、廃業急増中		

は増えていない。

ビジネスセンター、不動産、旅行代理店、塾、修理、写真スタジオ、葬儀屋など

リテイリングセンター作成

表Ⅲ－1　アメリカのSCの類型

		略語	NSC	CSC	Power Ctr.
		読み方	ネバフッド	コミュニティ	パワーセンター
		英語	Neighborhood	Community	Power Center
	A	SC数	30,270	16,022	
※	B	箇所比率	62％	33％	
	C	売上高比率	29％	41％	
※	D	建物構造	オープンエア・センター		
※	E	第1核	SSMまたはCbS	DS、SuC	DS、SuC、ワンフロア型GMS、Jr. Dept
	F	他の核店	SDgS、VS または小商圏型非食ニューフォーマット	CbS、OPS アパレル・Office Supply・Pet・本・HFa・パーティーのスーパーストア型SS	SWS、CESS、メガHC、HFuS、その他ホーム関連フォーマット、クラフト・スポーツなどスーパーストア型SS
	G	サブ・テナント	メガネ、携帯電話、ビューティーサプライ、酒、低価格実用衣料 FFS（ドーナッツ、アイスクリーム、ピザ、ハンバーガー、中華など） カタログセンター、銀行、消費者金融、会計事務所、医院、歯医者、ペット医院、第4次産業（→下段④）	ポピュラープライスのSS FFSとテーブルサービスRe.	面積比が20％未満と低い
	H	平均面積　敷地	1万～1.8万坪	1.2万～5万坪	3万～10万坪
		平均面積　建物リース	1,200～4,200坪	2,800～9,800坪	7,000～1.7万坪
	I	商圏　統計上の1店人口	1万人	1.9万人	
		商圏　実際の来店可能人口	1～3万人	5～7万人	
※	J	来店頻度	週2回	月2回	
	K	来店動機	毎日のくらし維持	毎日のくらし向上	毎日のくらし向上とホーム・インプルーブメント
	L	誰と	1人または家族の1部と	買うものによって1人または家族と	
	M	TPOS	・生鮮食品とグローサリーの買物 ・ついでにテイクアウト・フード ・短時間で身近な用事	・使用頻度の高い“くらし”用非食品とふだん着購入 ・ついでにグローサリー	・使用頻度の高い“くらし”用非食品とふだん着の購入 ・ホーム・インプルーブメント ・趣味の充実
	N	営業時間帯	・核店は早朝から深夜まで、24Hも ・サブ・テナントはフォーマットの性格に合わせてまちまち	・DSは朝8時から夜10時まで ・他のフォーマットはそれぞれの性格に合わせてまらまら	
※	O	最近の傾向	SC数と売上高とが漸増中		

［註］①　全SC数は48,695カ所。②　Factory outletは、SRSCに分類されるが、数
③　Lifestyle Ctr. は規模によってCSCかPower Ctr. に分類されている。
④　SCに入居する第4次産業は美容院、エステ、ジム、減量指導、マッサージ、
⑤　アメリカの人口30,354万人（2008年2月現在U.S. Census Bureau推定）
［資料］National Research Bureau 2006、ICSC Shopping Center Definitionsから日本

図III－1　S.C. としての建物レイアウトの基本

モール　核店舗　その他のテナント　Ⓟ駐車場

(1)　SC の種類　(a) オープンエア・センター ── 全米 SC 数の 95%超

① 共用通路は屋外

② 建物は平屋

(b) エンクローズド・モール ── 最近は減る傾向

① EMAC＝Enclosed Mall Air Conditioned

② 建物は 2 層または 3 層

(2) エンクローズド・モールの基本形（駐車場は四方に分散する）

（イ）核 2

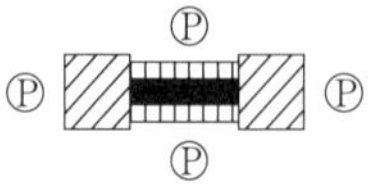

（ロ）変形＝レーストラック型

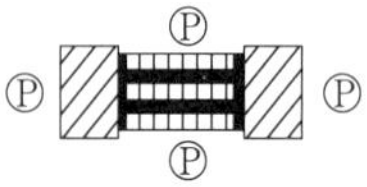

(3) オープンエア・センターの基本形

(A) ストリップ型（帯型）

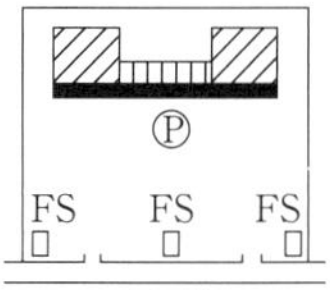

◇特徴

① 店は外向きに並ぶ（共用通路が駐車場に面している）

② 客が行きたい店のすぐ前に楽に駐車でき、

③ 歩行距離が短い

④ 全テナントを駐車場側から一目で見渡せる

⑤ 公道との出入りがしやすい（敷地の奥に建物棟がある）

⑥ NSC、CSC 向き

(B) プロムナード型（散歩道型）

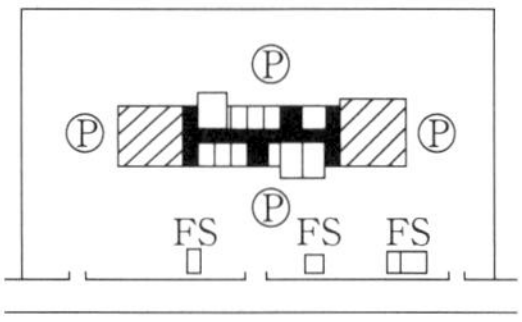

◇特徴

① 共用通路は必ずしも駐車場に面していないが屋外である（空調不要）

② 散歩するように楽しく買物できる

③ 樹木、花など自然環境が充実している

④ RSC 向き

図III－2　日本の SC はなぜ箱型の Enclosed Mall が多いのか

1.　昭和 40 年代　地価高→多数フロアー型が止むをえなかった。（立地はダウンタウンのはずれ→駅前→駅裏→駅ビル）→当然にテナントがその中に入った Enclosed Mall だ

2.　昭和 50 年代　サバブの大発展→立地はサバブ、しかし選定敷地が 500 ～ 2,000 坪で狭すぎたので、いぜん 3F ～ 5F 建物だった

3.　昭和 60 年代　純粋サバブで、1F 型や 2F 型が生まれて来たが、惰性で従来どおりサブ・テナントを Enclosed Mall に入れ続けた

4.　平 成 年 代　① 便利さ、ショートタイムショッピングの大事さに気がついてようやくオープンエア・センター化へ
② しかしSC 開発が未熟な流通業界外の大資本が狭小敷地を理由に高層化へ逆戻りし従って箱型を続出させている

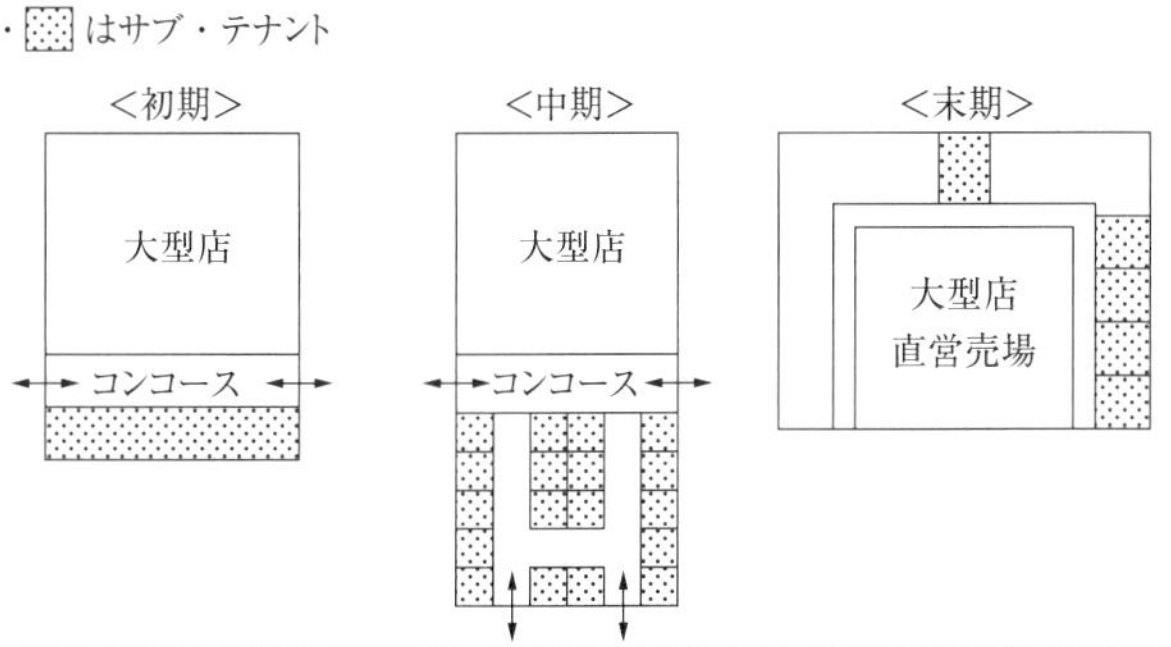

5.　本　　　質　客にとって、ぜひとも必要なのは、Short Time Shopping である→駐車場と売場とが近いこと→オープンエア型の平屋であること

［雨降り、雪の日のことをいうのはヘリクツです］

次に、店舗がSCの形をとる時、核とテナントの関係は大問題である。それは建物の形（レイアウト）で決まってしまう。

さきに説明したとおり、建物レイアウトの形式はエンクローズド・モールとオープンエア・センターとに大きく分けられる。

エンクローズド・モールの場合の核店とテナントの関係は、図Ⅲ－1の⑵のように、建物の両端に核を配置し、その間にモール（共用通路）を通して、モールの両側にテナントを置くこととなる。核店が三つならばモールの形はT字型となり、四つならば十字型となる。

一方、オープンエア・センターならば、核店とテナントの関係は⑶のようになる。一般的には核店もテナントも独立した建物である。

これら二つの建物形式のほかに、日本では箱型といわれる形式がある。これは日本型スーパーストアがビッグストアになる過渡期に採用してきたものだ。その形と歴史的事情は図Ⅲ－2のとおりである。今後はまねたくない形だ。

次に、本来、核は複数であるべきだ。近い将来にSC間競争が始まる時代に、そこで生き残るためには、核がいかに強力でも一店では心もとないのだ。

店舗見学の際には、そのSCが五年先、一〇年先にどうなるのか推定しなければならない。そこから、わが社が一〇年先、二〇年先に生き残るための経営戦略を導き出すべきなのである。

4 外郭施設

見学店を選ぶときは、フロア数の少ない店を見に行かなければならない。基本的に、一フロアか二フロアの店舗を見学すべきである。多くてもせいぜい三フロアだ。地下売場があれば、それも含める。地下を含めて四フロア以上の建物構造は、もともと商業施設として見学に値しない店舗である。

なぜなら基本的に一フロアが、客にとって最も魅力がある。店内を一挙に見渡せるからだ。客は自分の目で見て確かめながら、店内を動き回る。そこで店側は、店内を見通しよく、しかも歩きやすく、レイアウトに工夫を凝らす。そして売場表示やディスプレー、磁石効果のあるプレゼンテーション、照明などを駆使して、客の目にとまるポイントを店の各所に設け、客がなるべく店の広い範囲を自分の意志で歩いてくれるように誘導するのである。

ところがフロアが変わってしまうと、まったく別の店と同じで、次のフロアまで自然に客を誘導するのは困難なのだ。客は見えないところには、特別に目的がないかぎり行きたがらないものだからだ。

だから小売業の先進国であるアメリカの店舗は、ほとんどが一フロアで構成されている。欧州のチェーンも同じである。しかし実験で確認された、人が歩ける範囲の売場面積は、一〇万平方フィート（約二、八〇〇坪）のため、それ以上の面積が必要なフォーマットは二フロアの店舗を設けることになる。百貨店とゼネラル・マーチャンダイズ・ストアである。しかし最近の傾向では、後者の店舗は一フロアにまとめられる例が急増している。

ところが日本では、他の先進国より地価が高いという理由で、フロア数の多い店舗がいまだに主流である。しかしそれは、今までダウンタウンや駅前やアーバン・エイリアを店の立地として選んだ店が多かったからで、サバブに出店した店の中には、三フロア以内に収めている店も少なくないのだ。

そこで、せっかく建物構造を低層に抑えても、一フロアの面積が適正規模を割るようでは意味がない。多層階の場合、一フロアは五〇〇坪を超えることが望ましい。作業オペレーション上、人件費の最も効率的な使い方ができるからである。

しかし見学するからには、なるべく一フロアか二フロアの前向きの、寿命の長い店を選ぶべきなのである。

駐車場の条件

駐車場は広いことが絶対条件である。アメリカの常識的な数字では、総リース面積（売場＋後方＋コンコースの合計。モール、SC事務所などの共用面積を含まない）五坪当り一台の割合である。ところが年々競争が激化する中で、駐車場の広さは競争の武器の一つとなってきている。そこで新設のSCは大部分が、三坪に一台の割合で駐車場を確保しているのである。日本でもその事例が漸増中である。とにかく何千台駐車と聞くと駐車施設が良いと錯覚しがちだが、計算してみれば一、五〇〇台でも少なすぎるSCもあるのだ。

その駐車場は隣接していることが当り前なのだが、日本の場合、数か所に分散している例が少なくない。多いところでは第十駐車場まであり、遠いのは一キロメートル向こうという、ひどい例もある。これは、当初の敷地選定の間違いが尾を引いているものである。

分散しているものも含め、ともかく見学店のリース面積を総駐車台数で割ってみよう。その数字が五坪に一台のアメリカの常識に至らないまでも、近い数字が出るだろうか。

次に、駐車場は広いだけでは能がない。その広い駐車場に入りやすくなければ、意味がないのだ。主要道路からの誘導サインの配置、信号の位置、店が面している道路から敷地への進入が、スムーズに運ぶことである。

主要道路から駐車場の入り口までへの誘導路に入りにくかったり、歩行者動線、さらに搬入トラック動線と交差するようなことがあれば、駐車場への乗用車の流れはとぎれとぎれになる。加えて、順番待ちの車の列で交通渋滞を引き起こすことになる。

駐車場の出入り口の幅が狭かったり、急な角度で曲がらなければならない場合、これも後続車の停滞の原因になる。それに運転技術の未熟な客なら、店に寄りつかなくなるだろう。つまり、曲がり角が少なく、曲がる角度が小さいこと、ほかの流れと交差しないことが肝心である。

そして、できるだけ坂道を作らないこと。日本では、敷地が十分に確保できない場合に屋上を駐車場に利用する例があるが、投資コストがかさみ、一階の柱が太く、壁が厚くなるし、初心者ドライバーは上がりたがらないから、やめたいものだ。

SCや店舗は、駐車場への流入路の設計の仕方で、来店客数が大幅に変化する。したがって、建物の構造設計以前の敷地利用計画が大事で、乗用車と搬入トラックとの、それぞれの駐車場への進入路の設計が優先されていなければならない。その点でも、アメリカの視察から模範的な実例を学ぶべきである。

駐車場の位置

本来、駐車場は店舗と道路の間にあることだ。駐車場の位置は一目瞭然で、初めて来店した客でも探し回ることがない。道路から直接駐車場に進入が可能だから、誘導の工夫もしやすいのだ。

ところが日本では、広告効果のためと、店舗建物を道路に近接させて、駐車場は店舗の左右どちらかにもってくる場合が多い。ひどい例は、道路から見て店舗の裏側に駐車場を配置する場合もある。まったく逆をいくものである。

もしも見学した店舗が、敷地の形にかかわらず、道路から見ていちばん奥に、そして広い駐車場が手前にまとまってあったなら、敷地利用計画を考えた結果といえよう。

SCの場合、客にとっていちばん便利な構造は、核店もその他のテナントも一直線に並んでいることが、道路側からすべて見渡せてわかりやすいものである。それはオープンエア・センター型で、ストリップ・センター（直線型）と呼ばれているSCのスタイルである。

これなら、自分の目的の店の直前まで車で行ける。建物に入るまで、そして入ってからも、目的の店まで歩かされるエンクローズド・モール（共通歩道屋根つき型）のSCでは不便なのだ。しかし後者は、今のところわが国に多い形だ。

オープンエア・センター形式は、雨の多い日本の気候には適当でないという意見

図Ⅲ－3　オープンエア・センター立面図

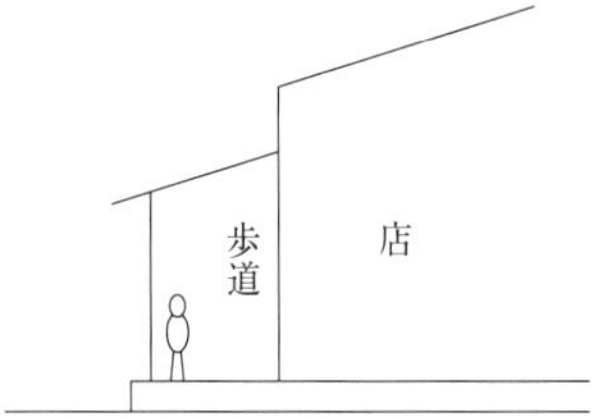

庇のみで、壁はない

をしばしば耳にするが、考えてみるとエンクローズド・モールだからといって雨に濡れないですむわけではない。建物から屋外にある駐車場に停めている自分の車までは、どうしても濡れなければならないのだ。

オープンエア・センターは雨降り対策として、店頭の歩道部分に雨よけの庇が必ずついている（図Ⅲ－3）。だから客が店から店に移動するときには、濡れないですむようになっているのだ。雨降りの時に濡れながら駐車場の自分の車まで歩く距離は、エンクローズド・モールのほうがオープンエア・センターよりも、はるかに長いのである。

見学店が敷地利用計画上、駐車場の位置について十分検討したのかどうか、客の動線を観察してみよう。日本の場合は、歩行客動線もマークしなければならない。

店舗の中に入る前に、敷地または店の回りを一周してみよう。そうすれば、客がどこを通って店内に入って行くのかがわかる。その時、客の流れに対応して出入り口が設けられているか、車の流れに対して駐車場の配置が適切かどうか、そして商品の搬入口についてもトラックの誘導路に対応しているのかどうか調べてみよう。

この場合のテーマは、敷地の利用計画である。大多数の客が店を回り込まなければ店内に入ることができないとか、駐車場の出入り口がわかりにくいために周囲の道路で交通渋滞を起こしている、搬入路が狭くて曲がりくねって複雑なために、商品の搬入に時間とコストがかかるなど、問題点が発見できるだろう。

そこで、その企業が敷地の利用計画を立てるときに、なぜこうした問題点を回避できなかったのか、同行者と討論してみるべきだ。わが社でも同じ問題が発生しているはずだからだ。

悪い敷地利用計画の原因は、狭すぎて本来は店を作るべきでない敷地に、むりをして店づくりをしている場合が多い。そこで、わが社の敷地選定の憲法が作られるべきである。敷地の条件が満たされなければ、絶対に出店してはいけないという原則だ。

日本の現状は、これまで競合状態で、まだ競争に至っていなかったからこそ、むりな出店でも経営が成り立っていただけと思わねばならない。

店内に入る前に、もう一つやることがある。建物からいちばん遠い敷地の端に立って、店を見てみよう。この時、四つある隅のうち、少なくとも二か所は自分の足で踏んでみたい。

アメリカの場合、店の前面が駐車場になっているから、駐車場の両端に立ってみることになる。日本の店で建物の前面が道路に沿っている場合は、道路の反対側に渡って店を眺めてみよう。

この時、店舗デザイン、すなわち、①店名ロゴと、②外装の形と、③使われているすべての色のイメージとバランス（調和）に注目する。この点、アメリカのほうが圧倒的にすぐれている。美しくスマートに見える。そのくせアメリカの店のほうが、例外なく日本の三分の一未満の低コストなのである。

日本の店舗建物は、とにかくむだな装飾が多すぎる。建物の機能とは無関係の細かいカーブやデコボコが多すぎる。しかも一店一店に別々のデザインや色彩を使っている。芸術作品のつもりらしいが、印象は猥雑なのである。建築資材にもそのつど新しいアイデアが採用され、それでいて二度とは使われていない。

アメリカのチェーンの店舗は、むだがない。全店の標準化がチェーンの原則だから、初めから標準化しやすいようにデザインしてある。どの店も外装デザインや色が統一されている、いわゆる〝クッキーカッター方式〟である。平らに延ばしたクッキー生地を動物やトランプの型で抜いていくから、同じ形のクッキーがいくつもできあがるのである。

店名ロゴや屋根のパネルなどは、塗装までが工場生産、その後は現地組立て式でなければならない。だから着工から三か月で、数千坪の標準化した店舗が次々に完成するのである。

ディスカウント・ストアのウォルマートは、売場二、八〇〇坪の店舗を、一時期には年間を通じて二日に一店のペースで開店させていた。店舗の大きさ、建物構造、デザイン、建築資材、店内レイアウト、陳列機具に至るまでが標準化されているから、こうした集中的な多店化が可能であったのだ。

標準化が必要な理由は、三つある。第一に、その時点（少なくとも三～五年間）では、いちばん良い状態は一つしかないところまで追究してから、全店をそのいちばん良い状態に統一すること。第二に、チェーンとして企業のアイデンティティを明確にする必要があること。第三に、多店化に加速度をつけるには、店づくりのすべてを大量生産ベースに乗せなければならないからだ。

標準化するのは、建物だけではない。立地の性格も、商圏人口も、地形も同じである。これらは先方の条件がさまざまなため、標準化パターンは、A型、B型、C型というふうに複雑になるが、それぞれの違いは、仕様書の一割の行数にすぎない。それが、店数をふやすための条件である。

日本の店を見るときには、違いが多い中で、どの部分を統一しているのか探してみることだ。そこだけは必ず全店統一としている、というものを発見する。その統一項目が多ければ多いほど、標準化を意識した前向きの企業ということになる。

アメリカですっきりしたデザインとバランスの良い配色を、十分に脳裏に焼きつけてこよう。たくさんの優れた事例を、その気になって意識して観察しないと、あとから思い出せるものではない。写真をいくら撮ってきても、実物の迫力と感動とは再現できないものである。

SCのデザイン統一

SCのデザインは、さらに日本が立ち遅れている。核どうしとテナント部分のデザインが、まったく統一されていない。その代表的な実例が、日本最大と謳われたRSC「ららぽーと」である。

SCの場合、核のテナントがそれぞれ決まったコーポレート・カラーとデザインをもっているとしても、SCという集積施設内の建物として新しく調和を図り、同時に他のSCと識別できるSCとしての強烈な特徴を表現しなければならない。ところがここでは、核どうしがまちまちなだけでなく、ディベローパー自身が継ぎ足しを繰り返した別館ファッション・ビルに至るまで、まったくデザイン上の統一がなく、自然発生的にできたダウンタウンのようだ。

アメリカのSCは、おもにスーパー・スーパーマーケット（279ページ「用語解説」参照）やドラッグ・ストアを核として、ネバフッド型（小型）からコミュニティ型（中型）、リージョナル型（大型）のSCに至るまで、そのSC独特のデザイン・コンセプトで統一されている。それぞれの店の店名ロゴは、色も形もそのまま生かしているのに、店の外装の色やデザインはSC全体で統一している。

SC見学の際には、全建物共通に使われている色や形の数を数えあげてみよう。それとは別に、店ごとに単独で使われているものを数えてみよう。

アメリカに行く機会があったら、そこでも同じ作業を繰り返してみれば、違いがわかる。色と形によるコーディネーション（調和）のメカニズムが解明できるのだ。特別の感性がなくても大丈夫。色や形の統一が美しい調和を作り出して、まことにスマートで心地よいことは、誰にもわかる。もともと、SCデザインは大衆向けのものだからだ。その要素を科学的に観察し、分析するのに慣れることである。決め手は、他のSCとはっきり区別できる特性を備えていることである。

5 店舗建築

ようやく店に接近して外装をよく見て、どの部分が工場生産の組立て方式でできているのか、どの部分がこの店だけのために現場で作られたものなのか、区別してみることだ。もちろん、いかに簡素に安上がりにできているか、そのくせ耐久力は長いかが観察の尺度である。

この点では、日本の店舗はどれも城のように堅固で、きらびやかだ。要するに、投資額がアメリカと比較すると、非常に大きいのだ。アメリカが建坪一坪当り一四・八万〜二八・八万円なのに対して、日本では五〇万〜八〇万円もかけている。つまり、むだに投資しているのである。

本来、店の主役は商品である。客は店に商品を買いにくるのであって、宮殿を見にくるのでも、エンターテインメントの場所として雰囲気を楽しむために、わざわざ出かけてくるのでもない。だから、必要以上に店が立派である必要はない。

そうはいっても、常に客に気持ち良く品選びをしてもらうためには、ある程度の雰囲気づくりは必要だ。そこでクリンリネス（清潔感）を保つことと、気分のよい配色やデザインで表現するのだが、それによって投資コストがつり上がるのは困る。

アメリカの多くの店は、天井がない。屋根板一枚で、屋外と屋内を区別しているのである。ペンキで着色された天井のハリは、決して見苦しくはない。安っぽくもない。そして柱も細い。

アメリカの大型店を見学した人は、その建物の外装材は、構造材と内装材をも兼ねていることに気づいただろう。コンクリート・メーソンリー（ブロック）を積み上げただけで一重である。内側は、同じ一個のブロックの反対側の面にペンキを塗っただけである。店舗の出入り口のガラスとブロックの接触面を見れば、よくわか

表Ⅲ—2　アメリカのSC・店舗づくりコスト（建坪1坪当り）

2007年現在、単位：円、＄1＝110円

			SDgS	SSM	Dept	HC	アパレルSS	Big-box Store
建築費	構造	駆体(壁を含む)	135,885	142,934	150,766	71,780	191,962	129,972
		屋根	11,473	14,058	10,299	10,377	8,341	11,552
		床	10,769	11,082	9,555	11,748	14,528	9,750
		小計	158,127	168,074	170,620	93,905	214,831	151,274
	設備	天井	7,753	6,383	6,618	6,970	9,515	3,837
		空調	7,087	7,205	7,048	3,759	6,343	7,832
		照明	6,931	10,377	10,808	9,006	14,097	11,513
		小計	21,771	23,965	24,474	19,735	29,955	23,182
	合計		179,898	192,039	195,094	113,640	244,786	174,456
	陳列機器（什器）		32,816	31,014	35,988	27,098	34,460	23,496
	POP広告		2,780	4,581	1,370	3,289	3,132	2,232
	外装サイン		4,777	4,738	1,879	3,994	5,717	5,364
	小計		40,373	40,433	39,237	34,381	43,309	31,092
合計			220,271	232,472	234,331	148,021	288,095	205,548
メンテナンス	床保全機器		1,958	3,132	783	1,174	1,566	1,292
	光熱費		10,142	9,907	7,127	5,952	7,401	6,618

［註］Big-box Storeとは、Super Store型専門店のこと。

〔資料〕CSA 2008.7 Physical Supports Census by Leo J. Shapiro & Associates

る。たった一個のブロック（壁）が屋外と屋内とを仕切っているだけだ。

こうしてみると日本の店には、なくてもよいものがたくさんある。日本の店舗の見学の際に、なくてもよいもの、よけいなものを書き出してみよう。それで建築コストがいくら削減できるか、計算してみよう。


店舗のフロア数が少なくて広い面積だと、客の誘導や売場構成がやりやすいだけでなく、建築コストも低く抑えられる。まず、エスカレータやエレベータや荷上げリフトが不要となる。柱や壁面や天井が頑強でなければならない理由もなくなる。二階や三階や屋上駐車場を支えなくてすむからだ。

アメリカの店舗は、徹底して軽装備だ。その証拠に、店の建築期間が短い。天井はボード張り、照明は裸の蛍光灯が並び、店頭のウインドーも最小限。東部の雪や雨の多い地区にある店では、ガラスは出入り口のみで、あとはすべてブロックという店もある。メインテナンス・コストも考えての対策である。

床はビニール・タイルが主力だが、これには上質のものを採用している。壁面や天井と違って痛みやすいし、磨きを頻繁にかけるからだ。しかし決してみすぼらしくも、汚くもない。床はピカピカに光っているし、クリーンで温かい雰囲気を感じさせる。

固定投資の勘所

店舗の単位面積当りの固定投資額を減らすことによって、売上高の損益分岐点を低く抑え、総資本回転率を上げるためには軽装備化は重要な経営政策なのである。店舗見学の際、この点に注意して観察しよう。一見豪華に見えても了細に観察すれば、コスト削減の工夫が店内のいたるところで発見されるだろう。

店舗見学での有効な固定投資の見方をまとめてみる。

①その立地は、現在どの範囲の商圏のどんな客層を吸引しているか。
②その立地は、今後何年間客数をふやしつづけることができるか。
③現在、どれだけの総資本対経常利益率が期待できる投資なのか。
④敷地の大きさと形と位置は、今後何年間有効か。
⑤拡張の方向と可能性は、どれだけあるか。
⑥建物には、どれだけの費用がかけられたのか。
⑦建物の構造は、今後ますます労働生産性を向上させるのに役立つようになっているか（店舗内作業の種類を削減し、かつ簡略化できるように、あるべき作業システムとして設計されているか）。
⑧建物の構造と材質に、コストを下げる工夫が凝らされているか。
⑨壁面、欄間、床面のそれぞれの作り方に、特別な工夫とねらいがあるか。

⑩ 運搬設備と排水、照明器具と電気機械と配線は、何年後までの対策を考えて作られているか。
⑪ 今後の地価の上昇可能性は。
⑫ その企業の一〇年後のあり方に貢献できるのか、足を引っ張るのか。

これらは、常に今後の発展と改造の可能性を念頭に置いている点に注目してほしい。この先何年間使えるか、何年か先に起こりうる変化に速やかに対応できるかが、競争時代における経営戦略課題だからである。現状だけを問題にする態度では、ストア・コンパリゾンとしての収穫は少ないのだ。

建築コストの点からも、売場の効率を良くするための客の誘導の点からも、前述したとおり店舗は平屋に限る。

平屋なら、柱は実に簡素な鉄パイプか鉄筋で十分だ。アメリカの店舗はみな屋根は細い組立て式の鉄骨で支えられている。客の視野の妨げにもならないし、天井も五メートル以上と高いから、広々とした開放的な演出が可能である。

ところが日本は多層階型が主力だから、柱は太く短く、天井も低い。柱は視野を妨げ、低い天井は圧迫感を助長する。実際以上に店内が狭く見える。しかも建築コストは膨大で、それでいて内装替えは三年以内に必要となる。

日本人がこうした合理化策をなかなか受け入れない理由は、「日本は土地が狭くて高いから、平屋の店舗に加えて十分な駐車場の確保が可能な広さの、標準化した敷地の確保など、不可能である」というものだ。

だから、敷地は出たとこ勝負の不動産屋まかせ。敷地に合わせて店を設計し、地域に合わせた仕入れをするという、手づくりの店づくりになってしまう。

これでは、まったく進歩がない。商品だって、テクノロジーの変革による大量生産のベースに乗っているから、あなたの店で大量販売ができるのである。科学の恩恵を受けているのは製品ばかりで、店づくりは昔ながらの手づくりでは競争に勝てるはずがない。

土地はその気になって探せば、いくらでも候補地が探し出せる。ないというのは、当たるべきところに当たっていないだけなのだ。

店舗開発部が「出たとこ勝負でやむをえない」と言いつづけて店づくりをしたものか、そうでないかは、正しい店舗見学を繰り返せば、次第にわかってくるものである。

階段とエスカレータ

多層階型の場合、階段とエスカレータの位置は、客の流れを店側の思惑どおり有効にコントロールできるかどうかの、決め手の一つである。

そこで他社を見学する際に、店舗構造上、その正しいあり方を念頭に置いておく必要がある。

もともと多数階の店舗は客の誘導がしにくいだけでなく、客にとっても魅力がないことは、先に述べた。そのためふつうは、上に昇るか下へ降りるかにかかわらず、フロアが変わるごとに客数は三割ずつ減っていくことが、調査で確定しているのである。二階は一階の七〇%、三階は七〇%×〇・七＝四九%というわけだ。

それを避けるためには、建物の一階からできるだけ遠いフロアにまず客を誘導して、移動させてしまうことである。そこで、階段とエスカレータとの位置が決まってくる。順序が逆になると、建物つまり店全体への総流入客数が少なくなってしまうのである。

この原則に従うと、たとえば建物が三階建てなら、一階からまず三階に直接誘導する。そのあと三階から二階へ、そして二階から一階へと誘導することが、二十世紀初めからの経験法則なのだ。

地下売場は、地上二階の売場とまったく同じ条件である。その両方がある場合、上下逆方向に客を誘導するのは最も困難なことである。

そのうえ、地下を作ると建築コストも余分にかかるので、基本的には地下には売場は作るべきではないのだ。やむをえず地下があるときは、事務所か後方、あるい

その位置

は駐車場として使いたいものだ。それがむりなら、食堂業など違うフォーマット群のみを配置すべきである。それが、合理的な建物の利用方法である。もしも見学店が地下をこのように利用していたら、見上げたものである。

以上の原則を建物の立面図で示した例が、図III―4のAとBである。この図の意味をじっくり眺めて、そうなる理由と効果を考えていただきたい。

主力の駐車場の位置によって、エスカレータの配置が異なる。地上駐車場の時はA(ロ)、屋上駐車場の時はBがそれぞれの時のあるべき形である。

次は、階段でもエスカレータでも、フロアの中のどの地点に降り立つのか、という問題である。そのためには、図III―4のCを見ていただきたい。◎印の地点が正しい位置であり、×印が間違いである。

重点は上下線ともに、降り立つ地点が、そのフロアの片隅でなければならないことだ。それで初めて、売場レイアウトのワンウェイ・コントロール（入店客を店側の計画どおりに誘導する）が可能になるのだ。

ビッグストアの新店でさえ、エスカレータを図の×印地点のように、売場の真ん中に客が降り立つ配置にしているのを、しばしば見かける。このような配置の店舗は、レイアウトや売場関連の参考にはならない。

図III－4　エスカレータの位置（◎と×印を区別せよ）

A.　地上駐車場主力の場合

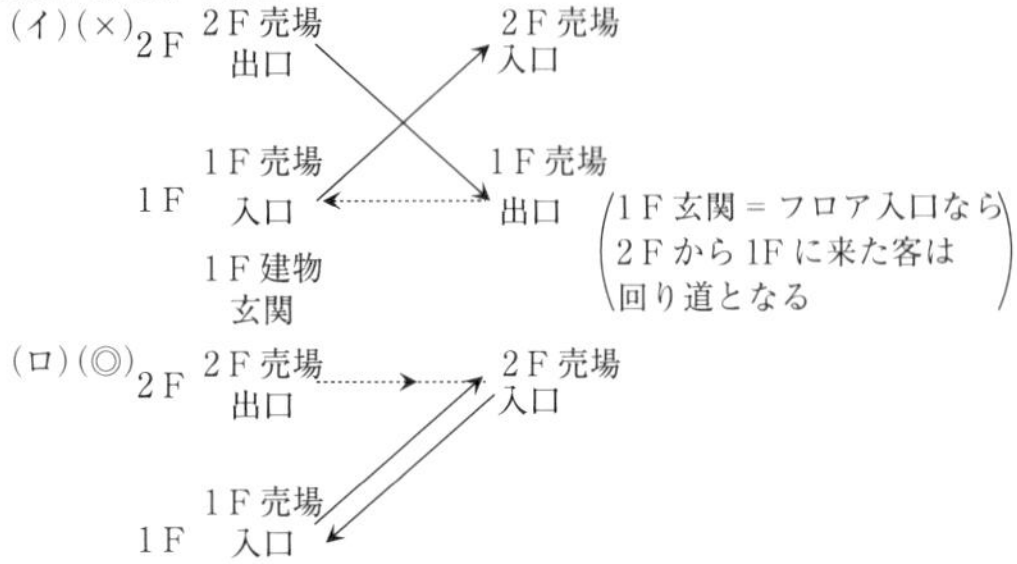

B.　屋上駐車場の場合（◎）

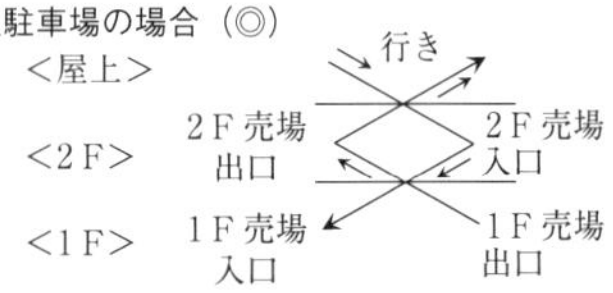

C.　面積に余裕のある時

（イ）　◎印と × 印はともに、エスカレータや階段の登り始めと降りた位置を示すが、◎は良、× はダメという評価である。

（ロ）　実際事例

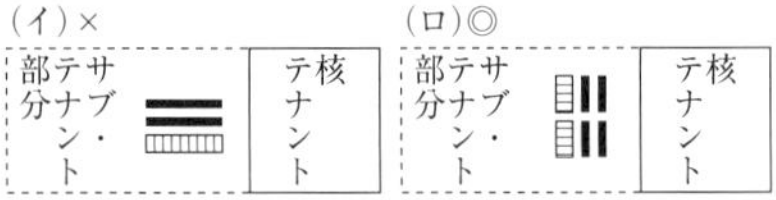

（ハ）　1Fと2Fの入口の位置◎

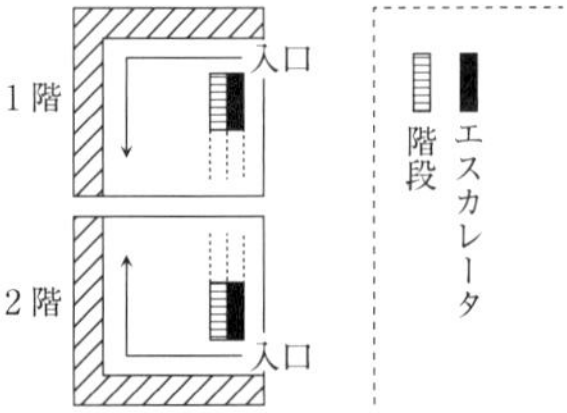

エスカレータと階段との位置の正当性で、店づくりの見学に値するかどうかすら判断できるほど、この問題は店づくりの要なのである。

次にエスカレータは、基本的には昇りのみが必要なのである。降りは必ずしも必要なものではない。コストの問題以外にもむしろ降りは階段を利用させるほうが、誘導しやすい、という利点がある。日本ではエスカレータと階段とを、まったく同じ用途に使おうとしているために、設備投資コストが高くつくばかりか、客の誘導もしにくくなるのだ。

次に、階段については別の原則がある。一つ目は、幅がとにかく広いこと。とくに客を昇らせたい場合は、幅が広ければ広いほど、人はそれを昇るのに抵抗を感じない。広ければ、短く見える。幅が広い場合、下から見れば上はもっと広く見えるから、開放的な感じがして、昇るのに精神的な苦痛を感じないですむのである。駅のホームへの昇降に抵抗感が少ないのは、このためである。

二つ目に、階段一階ごとの奥行きを、高さの二倍にすることだ。つまり、傾斜を緩やかにするのである。当然、急な傾斜より、緩やかな傾斜のほうが昇りやすいし、また降りやすいに決まっている。

三つ目は、階段そのものの数は九段までが原則で、それ以上の数になるときは途中に踊り場がほしい。踊り場までは三~九段。踊り場は二か所も作りたくないので、踊り場の上は九〜一三段である。

実際に階段を昇り降りしてみることだ。楽に昇り降りできるものとそうでないものとの差は、これらの三つの条件が揃っているかどうかで決まる。自分で、現場で確認していただきたい。そして、わが社の店舗の新築や改造の場合に、これらの原則をぜひ適用してほしいのだ。

後方

本来、店舗の後方は小さいほうが良い。従業員のための休憩所や検品所は十分な広さを確保するべきだが、在庫の置き場や後方での加工と検品の作業場所は本来、ほとんどの店には必要のないものだ。それらは、ディストリビューション・センターやプロセス・センターやコミッサリーでやるべきものだからである。在庫もその日に補充が必要な量だけを、それら商品管理センターが品出しすれば、店での保管場所は不要なのである。

値付けやパッケージなどの作業も、ディストリビューション・センターかプロセス・センターが引き受けるべきで、本来は店で行なうものではない。

したがって、売場や駐車場と違って、後方を広くとっている店は、人時生産性の向上のための本質的な作業システムづくりに取り組んでいないことになる。

もっとも、現状では店段階での作業種類が減っていない以上、後方の面積を減らしたら、混乱を引き起こすだけである。

次に店舗の後方は、マテハン理論どおりのレイアウトであることだ。今後、わが国のチェーンストア業界の商品開発技術や商品管理能力が発達し、それらの企業ごとの水準が一定になってきたころ、最後の勝敗を分ける急所が、作業コスト、つまり、マテハン・コストの削減システムの質にかかってくる。

そこで、店の後方をマークする際には、次の一〇条件を、より多く可能にしているほうが、より良いモデルである。実際には、ひどい例が多いのが現状である。

①少ない曲がり角で、短い動線で検品から店出しができること。

②保管場所は物理的に明確に、他と区別されていること。

③加工場所は売場に近接していること。

④従業員が休息する場所とは区別すること。

⑤事務所はバック・オフィス中心よりフロント・オフィス中心（アメリカのスーパー・スーパーマーケットの店長台は、レジの横にある）であること。

⑥基本形はコの字またはL字型であること。

⑦直線コンベア・ラインを長くすること。

⑧〝置く〟場所や〝置く〟設備よりも、〝動かす〟通路や〝動かす〟通路を通すことが大切であること。

⑨　搬入トラックの動線と客の車の動線を、交差させないこと。
⑩　搬入口と道路からそこまでの、トラックの出入りにむりがないこと。
後方に配置してはならないものは、事務室、消耗品倉庫、検収ボックス、商品倉庫、などである。


適正規模の店は競争に強いだけでなく、客数をふやしやすく、利益と売上高とを上げやすい。

一フロアに適正規模があるように、総売場面積にもフォーマットごとに経験法則から導き出された適正規模がある。

それは、客が「豊富」だと思う品揃えに必要な売場面積のことである。この適正規模に達していない店は、まっとうな経営努力も効果が上げにくい。だから、その時点でどんなに成績が良くても、適正規模を欠く店は見に行っても参考にならない。なぜならその店は、店舗運営の経費がかかりすぎているはずだし、近くにまともな店ができればとたんに敗退必至だからだ。

スーパー・スーパーマーケットの適正規模は五〇〇～八〇〇坪なのに、日本の現状では平均値は三八〇坪で、五〇〇坪を超す売場をもつ店は、多くない。しかし総合店は七〇〇坪を越えるのが常識だから強い。

表III－3　日本でのFormat別適正規模と商圏の提案
(アメリカの実情と日本のあるべき形)

チェーン化フォーマット	アメリカの実情	日本でのあるべき売場面積	商圏(行政区域ではない) 過半数の客の片道時間	人口 左 現在必要数 右 将来数
	坪	坪	分間	万人
ジュニア・デパート	2,000～3,000	2,000～3,000	30	30→20
ホーム・ファニシング・ストア（ソフトとハード）	1,000～2,000	600～1,000		
スーパー・ウェアハウス・ストアとメンバーシップ・ホールセール・クラブ	1,500～3,500	500～2,000	30	30→20
モデレート・プライスSS	60～　200	250～　600	25	20→15
ハード・グッズとエレクトリック	600～1,500			
ディスカウント・ストア(非食品のみ)	2,300～3,500	2,100～2,800	20	15→7
ポピュラー・プライスSS	80～　400	200～　500		
ホーム・ファッション・ストア	500～1,500			
メガ・ホームセンター	屋内2,800 屋外　900			
ファミリー・レストラン			15～20	10→7
コーヒーショップ				
コンビネーション・ストア	1,200～1,400	1,000～1,200	15	7→3.5
スーパー・ドラッグ・ストア	300～　500	200～　400		
バラエティ・ストア	200～　300			
ファストフード・サービス				
スーパー・スーパーマーケット	700～1,000	500～　800	10	5→3.5
コンビニエンス・ストア	30～　40	30～　40	5	2→1
ワンプライス・ストア	100～　500	50～　150	10	5→3.5

〔註〕 SS；スペシャルティ・ストア
スーパーセンターはスーパー・ウェアハウス・ストア＋ディスカウント・ストアとして想定のこと。

だからわれわれは、この少数の中からスーパー・スーパーマーケットの見学店を選ばねばならないのだ。

ほかのフォーマットの適正規模の目安については、表III―3を参考にして選んでほしい。

次に、この適正規模は世の中の変化につれて年ごとに変化していく。ほとんどの場合は拡大の方向をたどる、と思うべきだ。先進国アメリカの事例で、あるべき面積をそっくり学びとることが目標だ。

専門店の適正規模は、アメリカでは二つの方向に向かっている。その一つは三〇〇~四〇〇〇坪のスーパーストア化で、大部分はこれに該当し、広い店は一、〇〇〇坪にも達する。

もう一つは、一〇坪、二〇坪、三〇坪と思い切り小さいのが、アクセサリーやトイレタリーなどの分野で開拓されている。日本ではこの面積は専門店としてふつうかもしれないが、アメリカの専門店は標準が六〇~二〇〇坪だから、特殊例である。

大型化する専門店は、たとえば手芸とかスポーツといったある商品大部門を、より広い売場に豊富な品揃えで提供する店である。

他方、小型化する専門店は、従来の専門店の品揃えの中から有望な品種のみを抜き出して、その品種だけは豊富に品揃えするやり方である。だから小型店といっても、日本の一〇〜三〇坪の少しずついろいろ方式の品揃えの自称専門店とは、根本的に考え方が違う。

そこで、適正規模を学ぶには見学店の選び方が問題となる。専門店の場合は、実験店をマークしなければならないのだ。前向きであるかどうかは、まず売場面積がこれまでと違って思いきり広くなっているか、または極端に狭くなっているかが、はっきりした選択基準となる。狭くなっているならモデルにならない。

繁盛店であるとか、売場販売効率が高いという評判につられて見に行くのでは、前向きのストア・コンパリゾンはできない。わざわざお金と時間をかけて見学に行く必要はないものだ。

6　商品政策

商品見本の購入は、店舗見学には欠かせない要素である。その理由は、その店の実力をズバリ示すものだからである。

客が店にくるのは本来、商品を買うためである。そこで、品揃えが良ければ客は遠くからでも出かけてくるし、長い列で数時間並ぶこともいとわないほどだ。だから割り切って考えれば、店舗は雨と埃をしのぐ容器で、いわゆる顧客サービスもおまけにすぎないのである。

買い物は清潔な場所で、誰にも邪魔されずに気分的にはゆったりと、しかし短時間にすませることが、誰にとっても理想的である。逆に、御殿のようなきらびやかな店舗やレストランに、駅から送り迎えのサービスつき、客の一人ひとりが王侯貴族であるかのように店員がかしずいても、商品が支払う金額に見合った満足のいくものでないかぎり、客は店にこないものだ。

店と店との競争対策は、商品が客の使用目的（用途）に応じて便利で、しかも割安なことだ。決して必要以上に丈夫だとか、必要以上の機能がほしいのではない。そうなれば、値段が高くなるに決まっている。

店舗見学の際に忘れてならないのは、まずその店がどのような生活目的（用途）の商品を売る店なのかを見きわめることである。一般国民の、あるいは大衆の日常の暮らしの中で、どのTPOSに対応する商品を提供しているのかということである。商品部門や品種の種類が問題ではないのである。これがフォーマットという考え方だ。その上で、フォーマットとして、立地、店舗構造、売場づくり、サービス・レベルが適当かどうか、と良否の判断ができる。

チェーンストアの実力の目安の一つは、一日に一品目当り何個（着）売れるかである。

別の言葉で表現すれば、来店客数の一割以上の客が必ず買って帰る商品を、何品目もっているかで決まるのだ。その多くはプライベート・ブランド（ＰＢ）かストア・ブランド（ＳＢ。279ページ「用語解説」参照）、あるいは割引価格のナショナル・ブランド（ＮＢ）である。

一品目で大量に販売されるマス商品をたくさんもっていればいるほど、その店は、客の根強い支持を得ていることになる。その店は、生活者の毎日の生活になくてはならないものとなっている。それを、見学店はどれだけ扱っているかを調べねばならない。

マス商品の本質は、大部分の大衆が共通に毎日使いつづける消費財である。だから、たくさんの客が頻繁に買うものである。人は誰もが、生活の大部分で同じような〝物〟を使う。それが大衆品（everybody goods）であり、実用品（everyday goods）である。人は、その残りの生活の部分で、人それぞれこだわりのある趣味的な生活をしているのである。

このマス化されるべき商品は、陳列量が多いし、また目立つところに陳列され、客の寄付き状況もすぐわかるから、店舗見学で確認したい最重要項目である。

大部分は、クラシック商品および成熟化した商品分野で発見されるだろう。つまり、人々が使うことに慣れている商品である。しかもそれは、広い範囲の客層が共通に使うものだ。たとえばタオルや歯ブラシだ。

マス商品の中には、コモディティ・グッズ（277ページ「用語解説」参照）がある。これは生協の共同購入リストに写真なしで文字で表現されている商品のように、実物を見なくても購買決定ができるものである。ティッシュや洗剤などがそれに当たる。NB商品のうち、どの品も同程度の品質で、価格差もほとんどない商品である。つまり当然に、このコモディティ・グッズは、販売方法、とくに陳列形式が他の大部分とどう違うかをマークしたいのである。

一方、ファッション衣料もマス化が可能である。アメリカで最も大量の衣料を販売する小売業フォーマット、ディスカウント・ストア（DS）の大チェーン、ウォルマートやターゲット（Target）は、毎シーズン新しい色やスタイルのセーターなどのトップをポピュラー・プライス（〈popular price〉282ページ「用語解説」参照）で提供する。そしてその商品を出入り口近くの店の外側からでも良く目立つ売場で、大量に陳列している。〝キー・アイテム〟と呼ばれるマス化商品である。

ファッション・カラーで新しいスタイルのセーターが約二八ドルで買えるのだから、そのセーターに誰もが迷わずとびつく。ホット・ファッションが割安に買えるのだから、同社の客なら必ず一枚は持っているものだ。その結果、先のDS二社では一スタイルで一〇〇万枚を超えるセーターを販売し続けることができるのだ。これこそ、接客対応のいらないマス商品である。

商品が客にとって魅力的であるためには、第一に割安感が欠かせない。第二に、アップ・ツー・デイト（up-to-date）な生活提案が必要である。機能やデザインが、既存品や類似品とまるっきり違うことが条件なのだ。

マス化の実現には、客が本当に必要としている商品を探し当て、世界中から仕入れるか、独自に商品開発をすることだ。その際、①ライフ・テストと、②科学的検査と、③試売とが、繰り返し行なわれるわけだ。

こうして売れることが確定したあとは、継続的に数量を集荷しつづけるシステムづくりが必要である。いくら人気のある商品でも、追加補充ができなければマスにはなりえないのだ。

そんなマス商品を、すぐれた他店の売場で探し出してみよう。こうして、わが社で一店当り一日一〇〇個（レストラン業は五〇〇個）以上売れる品目をこそふやす努力を始めたいのだ。

コア（core; 核）商品またはその集合体であるコア売場という言葉がある。競争の際の武器となるマス商品売場のことだ。来店客の大部分がそれをねらって来てくれるという吸引力を誇る強力売場のことだ。

アメリカではふつう六〇〜一二〇坪単位だが、日本では五〜三〇坪単位の積み重ねで考えるべきである。

見学店に客が来店する決め手となるこの核商品と核売場とが、はたして存在するだろうか。アメリカの大チェーンなら必ず、一店の四隅、さらにその中間壁ぎわに計四〜六か所の核売場を発見することができる。逆にいうと、これができたから大チェーンになれたのである。

日本のビッグストア・グループ各社は、これからの競争対策の決め手として、核商品、核売場づくりに取り組んでいるから、先進企業の店なら見学店舗で発見できるだろう。

核をめざす商品は、もともとその社がめざしている客層とＴＰＯＳ、そして価格帯にピッタリと照準が合っていなければならない。

アメリカの具体例をあげると、ディスカウント・ストアであるウォルマートの釣り道具売場三〇〜六〇坪は核売場である。この売場の商品は、釣りマニアやプロ用ではない。ふつうの人が子供といっしょに夏のキャンプに出かけるときに使う、週末に家族で行楽旅行に行くときにチャンスがあったら使うから念のため車に積んでおく、という種類のものである。年間にそう何回も使うものではないからこそ、値段は安いのだ。

それにもまして大事なことは、このウォルマートの釣り具売場には、釣りをする際に必要な品種はなんでも揃っていることだ。道具だけでなく衣料、入れ物、餌、ちょっとあれば便利な用具まで、同時に使われるべき品種のすべてがそこにある。だから、釣りに行くのにいろいろな品種を買い回る手数がいらない。さらにこうした必要なものを、ソフトグッズもハードグッズもフードも全部揃えて買っても、合計金額は、日本でふつうの釣り竿を買うくらいですむのだ。

だからふつうの人が釣り道具を買うときは、必ずウォルマートに行く。それこそ、本物の核売場である。

わが国では、同時に使う商品部門や品種をズラリと揃えた店が、まことに少ないのだ。それを実現する企業をこそ、見学で見つけ出さねばならないのである。

トータル・コーディネーション

前記の品種間の組合せは、実はこのコーディネーションの第一段階なのだ。

アメリカの売場に比べると日本の売場は、ゴチャゴチャとした感じである。アカ抜けない売場なのだ。一方アメリカのチェーンの売場は、実にすっきりと美しい澄んだ感じがする。日本の店のほうが、坪当りの建設コストははるかに高くついているのに、である。

日本の売場にある商品は、その中から一つだけを選び出せば、品質やデザイン、色づかいなどは高級品的だが、まとめて陳列されると、全体の色がゴチャまぜとなって、濁って汚い感じになってしまう。

その原因は、それぞれの商品の色彩がまちまちで統一性がないことだ。それに加えて、一品目当りの色違いは多ければ多いほど客にとって良いことだという、間違った思い込みが日本人にはある。

このため、日本の売場にある色数は無限に多いのである。色の種類がたくさんあればあるほど、離れて見れば濁色になってしまうから、汚く見えるのである。

アメリカの売場がどの店もすっきりと美しく見えるのは、商品の色彩が統一されていることと、色数が絞られているからにほかならない。

つまり、品種間と品目間にカラー・コーディネーションができているのだ。むだにいろいろ色違いを揃えないで、必ずわが社の客が喜んで買う、人気のある色しか売場に置かないからである。

トータル・コーディネーション（280ページ「用語解説」参照）の決め手となる要素は、色である。色なら、誰にでも一瞬にして識別できる。そしてアメリカでは、同時に使うものは必ず隣接して陳列してあるから、どんなに美的センスのない客でも、同じ色を揃えて買って帰れば、たとえば美しく調和した洗面所ができ上がるのだ。これこそ、コーディネーションの第二段階である。真の生活提案であり、われわれがめざすチェーンストア商品の本質である。

アメリカの商品のすぐれたコーディネーションは、色だけではない。スタイルやルックなども含めたトータル・コーディネーションである。消費者が同時に使うものはすべて最初から、気持ち良く調和するように計画されているのである。

たとえば、洗面所で使う商品を考えてみよう。タオル、足拭きマット、石鹸置き、石鹸、歯ブラシ立て、歯ブラシ、コップ、ティッシュ・ボックス、くず篭、洗濯ものを入れる篭、脱衣篭などであろう。それらが日本の商品なら、だいたい素材の種類でメーカーが決まるものだが、それぞれのメーカーが勝手に色やスタイルや材質を決めて作った商品を、タオルは寝具売場に、脱衣篭は家庭用品売場に、くず篭は家具売場にと、それぞればらばらに陳列してあるのだ。

そして寝具メーカーが作るタオルはパステルカラーで、プラスチックのメーカーが作るコップやくず篭はビビッド・カラーで、というふうにメーカーごとに色はマチマチだ。

すでに売場でこのようにチグハグな状態なのだから、それを売場から売場へと走り回って買い集めて帰った客が、洗面所に並べたら、もちろんもっとチグハグになるに決まっている。これでは、ちっとも楽しくない。

ところがアメリカの店では、価格帯の低い店でも、客が同時に使うものは必ずトータル・コーディネートしてある。色は素材が違うと同じ色に染まりにくいものだが、それも初めから計算に入れて、プラスチックも陶器も繊維製品も同じ色に見えるように作っている。スタイルもクラシックなスタイルなら、全商品がそれに統一されている。もちろん、モダンなスタイルのコーディネーションの場合もある。

残念なことに、日本でトータル・コーディネーションを参考にできるのは、ホームでは〝ＩＫＥＡ〟、アパレルなら、これも外資系の〝ギャップ（Gap）〟、〝タルボット・ジャパン〟、〝ザラ（Zara）〟、〝Ｈ＆Ｍ（Hennes & Mauritz）〟ぐらいである。

すぐれた品質

ここで、商品の品質について触れてみることにしよう。日本では高いものは良いもの、良いものは高いもの、逆に安いものは悪いもの、と決めてかかっている傾向がある。しかしチェーンストアの商品は、安くて良い品をめざしている。

商品のお値打ち（value）は、その値段と品質とのバランスで決まるものである。しかもそのバランスは客の年齢や収入によって決まるのではなく、それぞれの人がその商品を使う目的、つまり用途、正しくはTPOSによってそれぞれ異なるのである。

たとえばクリスタル・グラスは透明度が高く、見た目に美しい。中に入れた液体までキラキラと美しく見えるくらいだから、来客用には最適である。しかしこのクリスタル・グラスの欠点は、重いこと、高価なことである。しかも割れる確率は、ふつうのガラスと同じなのだ。

だから毎日家族が水やミルクを飲むには、クリスタル・グラスは不適当である。悪い品質なのだ。その点、ふつうのシンプルなガラスのコップは軽いし、値段が安いから、子供が割っても腹が立たない。つまり、ふだん用には良い品質なのである。したがって、一個一〇〇円級が最良なのである。

どんな時でも、高価な品がすぐれた品質だと思い込んではならない。さらに、高額所得者が高いものを買い、そして低額の人が安いものを買うのだと思うのは、作る立場の発想で、使う立場の発想ではない。商品を使う人によって価値が決まるものではなくて、その人の用途、TPOSによって、そのつど品質の適・不適、すなわち良し悪しが決まるのだ。

チェーンストアは、クリスタル・グラスではなく、ふつうのガラスのコップを、より安い価格で売らなければならない。前者は来客用だから、使用頻度、購買頻度が低い。加えて高価だから、来客用でもふつうのコップですませられる場合もあるだろう。クリスタル・グラスは、ごく限られたＴＰＯＳだけを対象にした、特殊な商品と考えるべきなのだ。

チェーンストアは、①大部分の人が使うふつうのガラスのコップで、しかも、②もっと細かい実際のＴＰＯＳ別に、③使うのに簡便で、④同時に使う他の品種の品とも美しく調和し、さらに、⑤ファッショナブル（アップ・ツー・デイト）で、そのうえ、⑥安くなければならないのである。

ビッグ・ビジネスになるには、商品をできるだけ安い値段で提供することが、確実な軌道である。誰もが、品物は安く買いたいと願っている。

客が便利で使いやすく、客が希望する耐久性があって、しかも気持ち良く、さらに楽しく使える。そのうえで、安くなければならないのである。

それと同時に、企業側も儲かる仕組みを構築しなければならない。それがチェーンストアの生命線ともいえるマス・マーチャンダイジング・システム（282ページ「用語解説」参照）であるが、そのシステム化は簡単なことではない。

安く売ることは、マージンを減らせば誰にでもできる。しかし儲けがなければ企業は潰れるし、先行投資もできないし、すぐれた人材に高額の賃金を支給することもできない。この二律背反を両立させることである。

商取引は、どちらかが一方的に得をして、どちらかが損をするという状態では、継続的な発展は望めない。

商品を客に安く提供するためには、商品の原価だけでなく、流通コスト、出店コスト、店舗オペレーション・コストなど、あらゆる分野で経営努力が必要である。本書では、こうした見方で店舗見学の際に注目すべき要点を説明している。

客にとっては割安で、店側にとっては利益を生み出すマーチャンダイジング・システムづくりのために、次の五項目を具体的に調べ、実行することだ。
① 商品にもたせるべき性質を絞り込まねばならない。多目的・多用途をねらった性質の多様性は、コストを高めるだけであるからだ。使う立場で、あるべき性質だけをクローズアップすることが、トレード・オフの努力なのである。言い換えれば、商品仕様の変更だ。
② 客が買いやすい価格。
③ そのために入手ルートの変更（通常ではない入手ルートの開拓）。
④ 取引条件の変更。
⑤ 客にその商品の良さ（価格と品質＝使い勝手と便利さなど）のアピール。
言い換えれば、見学店はどこまでマス・マーチャンダイジング・システムに近づ

いているか、その方法は何か、を発見したいのである。

次に、品揃えは購買頻度が統一されていなければならない。つまりその店の商品部門あるいは品種間に、同時に使える品目が揃っていることだ。この状態を、「商品レベルが統一されている」と表現する。

見学店が、毎日頻繁に使うふだんの生活用品だけを売っているのか、それとも時々必要となるよそ行き用のものだけを売っているなら、商品レベルはそれぞれ統一されていることになる。しかしふだんの生活用とよそ行き用が入り混じっているのなら商品レベルが不統一の状態で、これはあるべき形ではない。

このようにレベル統一をモットーとした商品群の組合せを、〝ライン・ロビング(line robbing)〟という。あるレベルの商品だけを強化し、他の用途、購買頻度、来店頻度、価格帯の商品をカットしてしまうことだ。これこそ、チェーンストア産業が追究すべき真の総合化である。

限られた商品部門しか扱っていない店より、複数の商品部門を扱っている総合化された店のほうが、客にとってずっと便利である。しかしそれは、過去半世紀にわたって徐々に扱い部門をふやすだけのワンストップ・ショッピングという、何でも屋的多数商品部門づくりのことではない。ライン・ロビングの意味である。

総合店の客はこの数十年間にわたり、用もない売場をさんざん歩かされていた。一見、品揃えが豊富に見えながら、客の立場からすると、実際には比較購買のできないむだの多い品揃えだったのだ。

総合店は客にとって、①便利で、②品揃えが豊富で、③コーディネートした買い物ができる、④楽しい店でなければならない。その上に、ショートタイム・ショッピングと楽しい買い物の実現が成立するのである。それは、商品レベルの統一があるときにのみ、可能なのである。

その結果として、①ストア・ロイヤルティの飛躍的な向上、②売場販売効率の漸増、③競争力の向上を、企業にもたらすのである。

なお、商品レベルの統一は、店ごとの必要商圏人口数を統一させることになる。小商圏フォーマットづくりとその標準化出店の加速度化は、この商品レベル統一なしでは進行しないのである。

日本のビッグストアの大部分は、専門店を含めてレベル不統一となっている。店舗見学で、先進事例を実際につかみとり、見習わねばならぬ重大着眼点といえるだろう。

7 商品見本とグラフづくり

商品が店の要であることは先に述べた。そこで、商品の研究をすることは、商品部に属する人のみならず、小売業に従事する人々すべてにとって、大変重要なことである。

それには、専門的な商品知識は必ずしも必要としない。専門家の目で見るよりまず先に、客の立場、使う立場からの評価のほうが大切だからである。

たとえば、ある店で〝絹のパジャマ〟が五、〇〇〇円で売っていたとしよう。商品に関わる仕事をしている人なら、百貨店で一万円以上もする絹のパジャマがその半分の値段で売っているなんてすごいことだ、と高く評価するかもしれない。

しかし客の立場からいって、その絹のパジャマはすぐれた商品といえるのだろうか。その隣に綿とポリエステルの混紡のパジャマが二、八〇〇円で売っていたら、そちらのほうが安くて良い品なのではないだろうか。洗濯機で洗えて、アイロンはいらない。しかもドライクリーニングか手洗いが必要で、アイロンをかけなければしわだらけで着られない絹のパジャマの、ほぼ半値なのだ。

本来、客の立場と仕入れる立場とは同じ考え方でなければならないものだ。アメリカのチェーンストアはそれを実現したから、三桁から四桁もの店数のチェーンを作れたのだ。

しかし日本の小売業の現状は、そこまでいっていない。逆にいえば、そこにチャンスがあることになる。

商品部の人はとくに業界常識を捨てて、客の立場から商品の値打ちを見ることに慣れることが必要である。それは、他社の店舗見学でこそ案外容易に、自己改造ができるのだ。

もう一つの課題は、買い物そのものが好きになるように、商品そのものが好きになるように努力することだ。

私どもペガサスクラブのアメリカ視察チームでは、なるべく身の回り品を現地の見学先で買い、旅行中に使ってみることを勧めている。とくにチェーンストアのPBの購入だ。家族の一人ひとりへのおみやげとしても、ヨーロッパの有名ブランドの財布やハンドバッグなどではなくて、チェーンストアの商品だけを買うことを勧めている。

帰国時には、そのたくさんの買い物と商品見本とで、これも現地で購入した大チェーンのPBであるスーツケースをいっぱいにして帰らせることにしている。だから、帰国時のスーツケースは二つである。

ところが参加者の中で、懇切丁寧な解説にもかかわらず、あまり買い物をしない人がいる。調べてみると、その人たちは二つのグループに分類できる。

一つ目は、意外にも商品部に属する人たちである。なかでも非食品、とくに衣料を扱う人々にこの傾向が強い。日本のメーカー側が自分の都合がいいように勝手に作った、歴史的品質基準のドグマから抜け出ることができない、頑固な人たちである。フード・サービス業では、調理師にこの傾向がひどい。同じ商品部に属する人でも、食品小売り関係の人たちにはこうした気の毒な傾向の人は少なく、雑貨関係はもっと前向きだ。

二つ目のグループは、自分の企業における職務は商品と何の関係もないと、商品に興味を示すことを初めから拒否している人たちである。財務、経理、コンピューター・システム（電算）、人事、店舗開発といった職務の人たちに多く見られる傾向である。自分が身につけているものも家にあるものも、何もかもあらゆる買い物は奥さんまかせ。自分の店の商品すらよく見たことがない、また見る必要すらないと思いこんでいる。ひどいのは「わが店は大したモノは売っていない」として、買ったこともない人々である。

しかし今は商品に関係のない職務に属していても、いつ配置転換になるかわからないし、そのまま経理畑からはずれないで出世したとしても、トップ・マネジメントに属するようになれば、まったく無知・無能な存在になるだろう。これは今日、日本の流通大手に多い大欠陥の一つである。

この無知は恐怖につながるから、先の第一グループの人たち、すなわち日本の商品の悪癖ドグマで凝り固まっている商品専門家たちに言い負かされてしまうことになる。客の立場に立った正論が通せないトップ・マネジメント、というわけだ。

ある分野では有能でも、商品に何の興味も示さない人種、これはスカウト組に多いのだが、そうした人々がトップ・マネジメントの過半数を占めたために、経営危機に陥った大企業は、日米ともに少なくないのである。

この困った傾向の二つのグループの人々を正しい方向に導く方法は、ともかく自分で買い物をどんどんさせることだ。商品部には商品見本購入の十分な予算設定も必要であろう。

私は過去四五年あまり、現在、日本のビッグストアを代表する企業の創業トップのほとんどと海外視察の同行をしてきている。この創業トップたちに共通するのは、買い物好きだという点である。私の師である渥美俊一も同じである。特に、食べ物は私といっしょに何でも食べてみる。その土地だけの変わったものも、全て買って試してみる。小売業の要である商品への愛着姿勢が、企業の栄枯盛衰を本当に左右するのだと断言できるのである。国内の店舗見学でも、状況は同じである。

こうした事情から、自分用に買って試してみるだけでなく、企業として商品見本の購入は、店舗見学には欠かせない要件である。商品部以外の職務をもつ人にとっても、同様だ。

だからといって、自分は商品知識がないとか、もともとセンスがないとか、品選びに自信がない、などと怖気づくことはない。商品見本の買い方は実に簡単である。ルールどおりにやれば、誰にでもできることなのだ。

逆にいうと、個人の好みを優先させては困るのだ。自分は商品に詳しいとか、他人にはない洗練された感性を備えているなどと自負をもって、売場のあちらこちらから、自分が商品見本に適当と思える商品を、他人を納得させる根拠なしに選ぶのは根本的に間違っている。服飾関係を扱う人々には特に注意を促したい。

商品見本を買うにも、科学的根拠に基づく方法論があるのだ。国内の場合も海外の場合も、まずその企業のPBとSBを選ぶことが先決である。わが社のブランドを付けるからには、当然のことながら特別の理由がある。

この場合、NBがないから製品開発されたものがPBである。メーカーがまだ手をつけていない新しい商品分野で、わが社独自の特別な開発商品である。したがって、これはぜひとも全品目にわたって商品見本として購入し、持ち帰って研究する必要がある。

SBのほうは開発商品ではあっても、すでにNBが存在する品種であり、それを改良した品のことだ。材料や加工工程、製品の機能などをトレード・オフ（trade off）する（ある性質を削り、ある性質をクローズアップする）ことで、値段を下げた商品などである。

ちなみに、自社ブランドにはもう一つ、コントロールド・レーベル・ブランドがあるが、これはSBの一部でA級のNBメーカーが作った品を指している。だから、NBとまったく同じものをパッケージだけ変えたものが多いのである。これは商品見本としては、あまり意味がない。

売れ筋の発見

商品研究と商品見本購入との次の目安は、売場の商品プレゼンテーションである。ホット商品の実態を知るためだ。

アメリカのチェーンなら、その企業のどの店にも共通に、売場の目立つ位置に特別に強調したプレゼンテーションの品は商品見本として入手しつづけねばならない。ハイライト（よく目立つ）売場、つまり磁石効果のある売場にプレゼンテーションしてある商品は、A級の企業なら、必ずホット商品またはホットになりつつある商品であるからだ。

A級の企業とは、マーチャンダイザーやバイヤーが売れ筋に敏感なところである。彼らは空気を吸うのと同じように、消費者の商品のニーズに関する情報を集めつづけ、分析を繰り返している。科学的根拠に基づくものを重点販促、つまり重点陳列しているはずである。

ところが日本の場合、売れなくても返品ができるから、店に大量に陳列してあっても、売れ筋とは言い切れないし、売れ残りのデッド・ストックを大量陳列しているときもある。

だから、それがホットか、それとも逆にまったくだめな品かを、判定しなければならない。その技術はストア・コンパリゾンの繰返しで向上するのだ、と観念しよう。だんだんその区別が見分けられるようになってくるものだ。

見本入手のコツ

商品見本入手のコツは、品目ごとに同じモノを二つずつ購入することだ。ライフ・テスト、科学的分析、ベンダーへの持回り用という、三用途のためである。

次に、色違いやスタイルの違いは網羅的に入手する。絞り方とコーディネートを追求するためだ。商品を比較し検討する際、実物ですべてが揃っていることが不可欠なのだ。

ベーシック・アイテム（282ページ「用語解説」参照）については、サイズも全種類揃えることが望ましい。これに関しては、色やスタイルの場合とは逆に、アメリカのチェーンのほうが数が多い。衣料なら横幅を基準にして七〜一六種類、スラックスなどは長さの変化が、それぞれ、ショート、アヴェレージ、ロング、と三種類ずつあるから、ものによっては膨大なほどの種類になる。これこそ、まさに消費者へのサービスといえるものである。

着るものの場合、日本でも、人それぞれ体形や大きさはまちまちなのに、サイズは少ないという大弱点がある。一つのサイズを前提に商品見本を買い集めてみると、日本のほとんどの企業が客に対していかに不便を強いているかがわかる。日本では、とくに専門店は、サイズは普通サイズと称する一つしかなかったりするのだからひどい話である。

そのほか、細かいことだが、買った商品見本に値札が付いていることを確かめたい。値付けが行なわれていない場合は必ず、その場で商品に値段を数字で書き込むこと。後に延ばすと忘れてしまう。

レシートも保存しておくこと。その日だけのセールやボリューム・ディスカウントが商品そのものに記載されない場合があるから、レシートが頼りになるのだ。

店舗見学者はよほど慣れていないかぎり、漠然と店内を歩いてしまう。その結果、部門構成と混んでいるかどうかぐらいしかわからないものだ。それを効率化する道具が、商品構成グラフ（64ページ、図Ⅰ―1参照）を作ることだ。それによって、科学的アプローチが簡単に可能となるからだ。

とくにアメリカ視察では、これを作ることによって初心者にもチェーンストア独特の商品政策の輪郭が、かなりはっきりとつかめるものだ。商品に詳しい人にとってはなおさら、そこで何を見れば自分の調べたいことが発見できるのかという、調査のきっかけがつかめるのである。

商品構成グラフとは、①売場で品目または単品（ＳＫＵ）ごとにその陳列数量を数えあげ、②そのデータから横軸に売価を、縦軸に陳列数量をとって描いた、③折れ線グラフのことである。これを一枚のグラフ用紙に、わが社と見学店各社の線を別色で描くことによって、商品構成を簡単明瞭に比較できるのである。あわせて、チェーンストアの商品理論を確認できるものだ。

わかったつもりになっていても、骨身にしみて感じられるかどうかは、この商品構成グラフを作ったかどうかにかかっている。このグラフからは、その企業の商品構成の特徴だけではなく、サンプル数がふえればふえるほど、フォーマットごとの商品対策の特徴までも明らかになるのである。

また、このグラフは競争のあり方をあらかじめ覚悟するのにも役立つだろう。

グラフを作ったとたんわかるのは、①価格の上限と下限、②ボリューム・ゾーン、③プライス・ポイント（値ごろ）である。つまり、その店の商品政策の特徴を示しているのである。

対象品種の選択

すべての商品分野についての調査を一挙にやることは不可能なので、当分は特定の品種に限ることとなる。

選び方のポイントは、

① わが社で販売している商品部門・品種と同じもの。ただし、自分自身が担当している商品でなくてもよい。

② 大衆品、実用品のみに限ること。売場での陳列量が多いからだ。ただし、コモディティ・グッズは売価が似かよってしまうため、各社とも複雑な商品政策をとっているから、グラフの分析には高度な技術が必要である。

③ 同じ品種でも、用途（TPOS）＝購買頻度の違う商品は別品種と考えて、別にそれぞれの用途別にグラフを作るべきである。たとえば鍋のグラフを作ったあと、別に煮物鍋と中華鍋の分も二枚作るのである。靴なら、ドレス・シューズとスポーツ・シューズは別。牛肉は、カット部位ごとにである。

④ 目的（用途）が同じに見える品種のなかでも、ホット商品で、とくに陳列

量の多い特定のスタイルに限定してもよい。たとえばスカートのうちでもキュロット・スカートがファッションで、陳列量が圧倒的に多かったら、それだけを選んで別のグラフを作ることも勧めたい。

⑤　男性が調査する場合、婦人ランジェリー、ファンデーションは売場エチケット上省くことになるので、女性をリサーチャーに代えるとか、入店したとたんに最初の買い物をして、客として売場に長居したい。

アメリカ視察の場合はとくにやり直しがきかないから、わが社と日本のビッグストアの売場で調査して、自分で実際にグラフを作る練習をすること。分類の選択が正しかったかどうかは、その時にわかるはずだ。

その場合、選ぶ品種はアメリカの店にも当然たくさん売っている大衆品、実用品でなければならない。そしてそのグラフを現地に持って行けば、日本とアメリカの商品構成の比較ができる。アメリカのチェーンストアの商品のすばらしさが、身にしみて理解できるはずである。

商品構成グラフの信用度を高めるには、そのもとのデータとなる調査が正確でなければならない。この調査が間違っていると、グラフはとんでもない形になってしまう。

アメリカの場合はもちろんのこと、まだ少数だが日本でも前進型の企業では、売場分類を改革している。加工産業種類別の品種分類ではなくて、TPOS別、コーディネートをめざした分類で売場ができていれば、グラフのまとめ方が違ってくるのである。

つまり日本の多くの店では、たとえば婦人アパレルなら、セーター、ブラウス、スカートとかスラックスというような品種別分類だ。用途別ではない。

ところが、先のTPOS分類をした売場では、用途がはっきりしている品種別分類にはなっていない。そこで問題になるのは、分類が違っても各社を比較するには条件を同じにしなければならないことだ。

たとえばゴミ袋のすべてを一品目としてグラフを作るなら、アメリカの店などTPOS分類してある店では、売場の数か所を回らねばならない。台所のゴミ用、園芸などアウトドアのゴミ用などである。逆に台所のゴミ用だけを調べたいのならば、日本のゴミ袋売場のなかでも、台所用に限って調査を進めなければならない。アウトドア用のものは省かなければならないのだ。

本当のところ、このグラフづくりの効用は、こうしてTPOS分類を求めて売場を探し回る調査の中で、その分類が客にとっていかに便利にできているか、それとも不便きわまりないかとわかってくるものなのである。

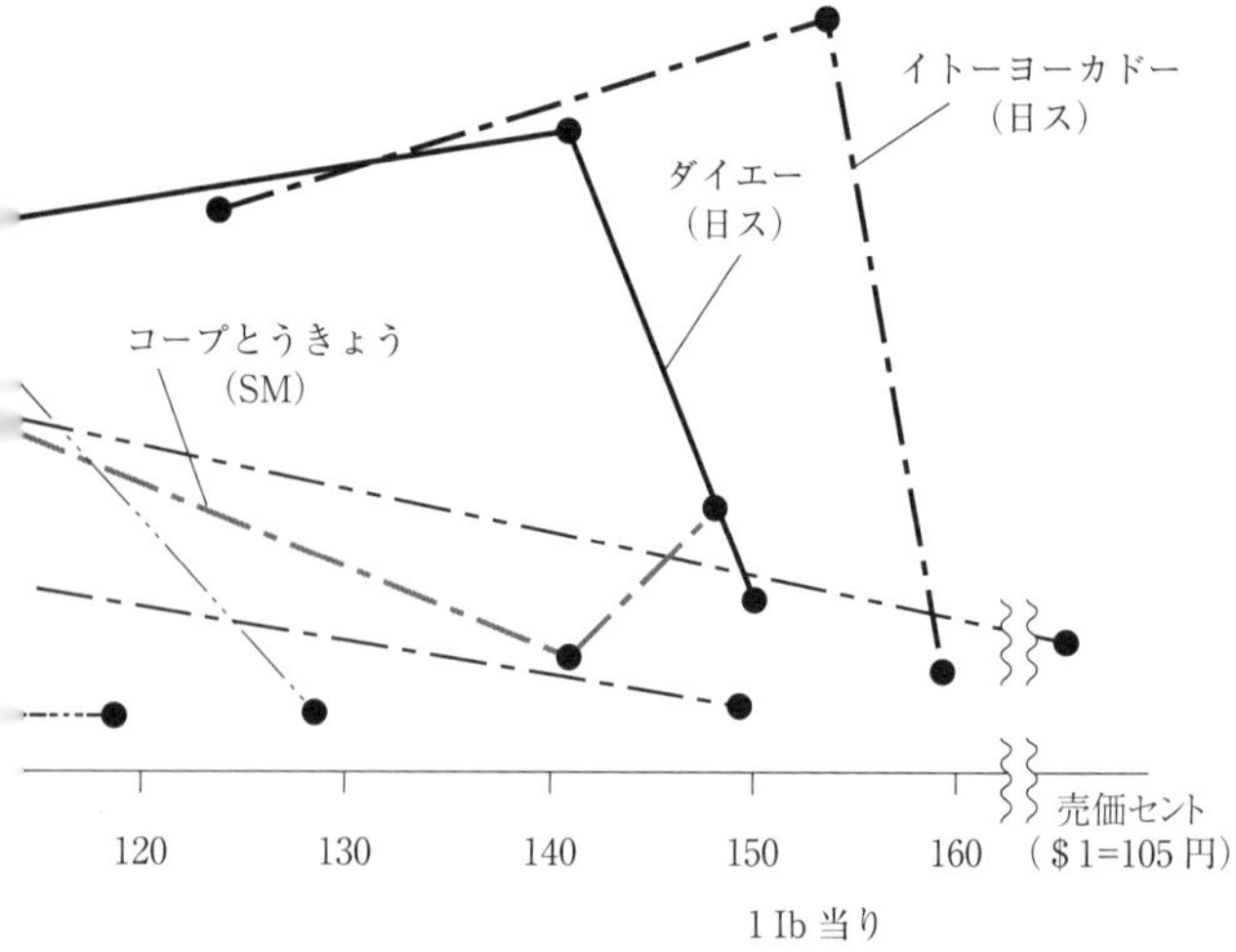
イトーヨーカドー
(日ス)
ダイエー
(日ス)
コープとうきょう
(SM)
120
130
140
150
160
売価セント
($1=105円)
1 lb 当り

図Ⅲ－5　商品構成グラフ事例Ⅰ———バナナ
ペガサスクラブ・アメリカ視察団員作成

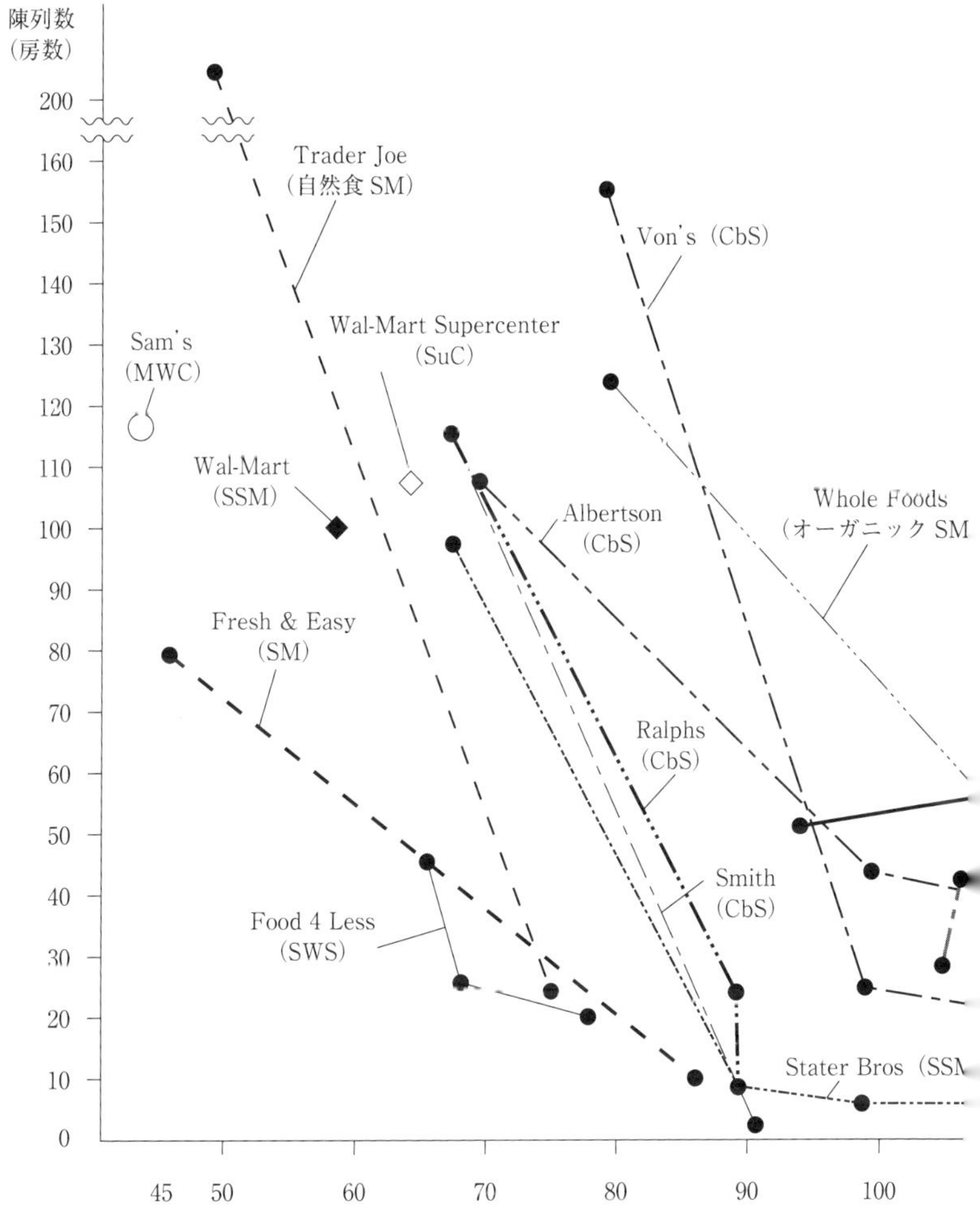

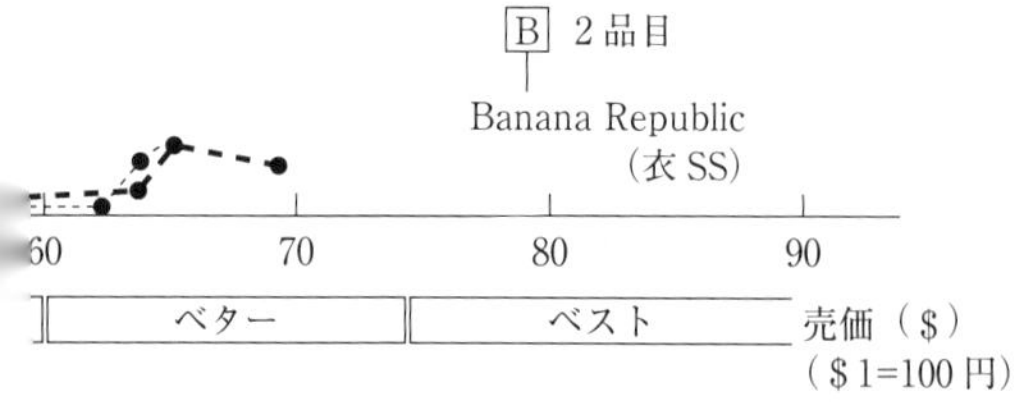

B 2品目
Banana Republic
(衣 SS)
60
70
80
90
ベター
ベスト
売価（＄）
（＄1=100円）

図Ⅲ－6　商品構成グラフ事例 2
———紳士デニムジーンズ（レギュラー/リラックスフィットストレート）
ペガサスクラブ・アメリカ視察団員作成

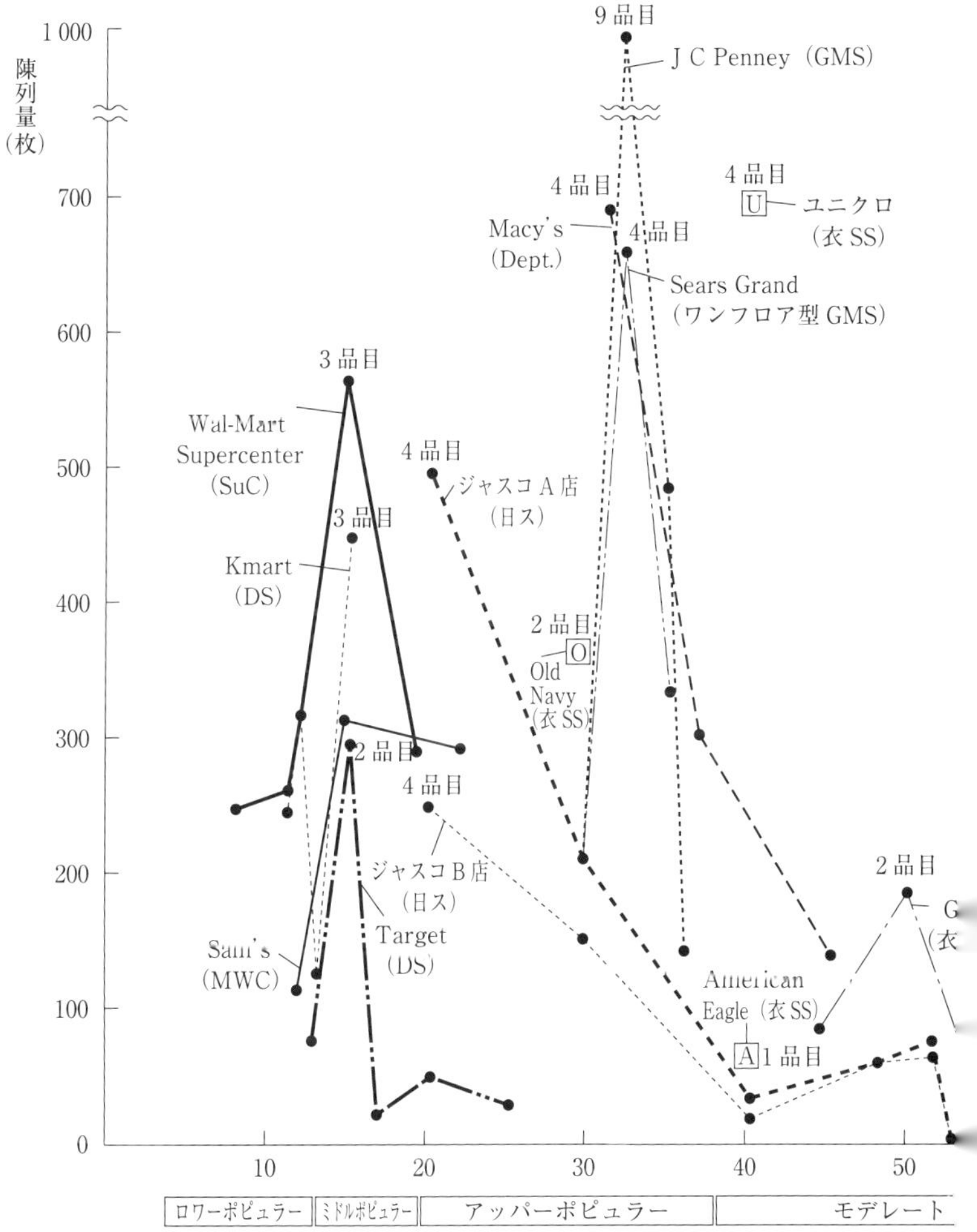

次に、新しい方式ではTPOS分類をさらにコーディネート別、ルック別に分類している。たとえばベッド用品なら無地のクラシックな色とスタイルのものと、ホット・ファッションの色とスタイルのものとは、売場が区別されている。客にとっては購買動機が違うからだ。

一方、ジーンズ・ルックとか、マリーン・ルックというように、ルックつまり見た目の違いで売場を分けている場合もある。

そこで正しく比較するには、常に比較するもののすべてを同じ条件に揃えなければならない。もしも調査中に不安があれば、あとから分割できるように原始データを分けておくこと。そうしておけば、あとでグラフを作るときには、どうにでも変化させられるのである。

百貨店やファッション・リーダー・ショップの場合は、売価の上限と下限の幅が極端に広いため、価格幅の違いでも売場を、というよりもフロアそのものを分けている場合が多い。その一部しか調べないと、不完全なグラフができてしまう。

最後に、特売品の扱いについて触れておこう。特売といっても、セールとクリアランスとではまったく意味が異なる。残品処理のクリアランスのほうは特別に大幅に値引きしているので、調査対象からはずさないとグラフの形がおかしくなる。

セールの場合は、他社に先駆けてホット商品のシェアを確保する、インセンティブな意味や爆発的に売れるように価格に弾力性をもたせる、などの理由から行なわれるので、その企業の通常の価格政策から極端にかけ離れた売価にはなっていない。だから商品構成グラフに組み入れるべきだ。

グラフの読み方

大チェーンなら、どの品種の商品構成グラフでも線の山は、左側のほうが高くなっているはずである。つまり、売価の低いほうに商品の選択肢が多いのだ。そして、線の始まりと終りの幅は狭いだろう。価格帯を絞っているためだ。

グラフの山のピークは左側寄りの、売価が低いほうにあるはず。プライス・ポイント（値ごろ）とは、品目数と陳列量とが最も多い売価のことだが、グラフの線が飛び抜けて高くなり、頂上であるプライス・ポイントは大チェーンなら一か所か二か所のはずである。

店側のプライス・イメージづくりとしては、いちばん高いプライス・ポイントが左にあればあるほど、安いものがたくさんある感じを与える。逆に、右のほう、つまり売価の高いほうにいちばん高いプライス・ポイントがあったら、客には高いものがたくさんある店だというマイナス・イメージを残すことになる。

アメリカの大チェーンなら、プライス・ライン（売価の種類数）が少ない。グラフの折れ曲がりの回数が少ないはずだ。その理由は、客がその店で気軽にまたは納得して買うことのできる値段に、売価を集中させているためである。

商品の仕入原価が多種類あっても、あらかじめ決められたごく少数種類の売価に集約していることになる。逆にいうと、決められた売価に見合うような商品を仕入れることが、バイヤーの当初からの任務となっているのである。その売価に見合う既製品がなければ、トレード・オフの技術を駆使して、マーチャンダイザーが商品開発をすることになるわけだ。

それに比べて日本では、仕入原価に品種ごとに一定の値入れ率を機械的にかけたものを売価としている場合（一律値入れ方式という）が、まだ多いのである。だから、プライス・ライン（売価の種類数）が同一品種内で八〜二〇種類にもなってしまうのである。その結果グラフには、それが背の低いたくさんの小さな山として表われることになる。

プライス・ラインの上限と下限の幅はフォーマットの種類によって異なるのだが、大チェーンの場合どのフォーマットでも、同一フォーマットの他社に比べて、必ずその幅が狭くなっている。狭いということは、グラフ上で右に延びていないということである。言い換えれば、高い価格帯の品目がないということである。

ここでまとめてみると、

①　商品構成グラフ上で線の位置は、できるだけ左寄りであること。

②　プライス・ポイントは二以内で、左の山の頂上のほうが図上の位置が高いこと。

③　プライス・ラインが少ないこと。

④　グラフの線が描く山の高低には、極端な開きがあること。

⑤　折れ線の位置を同業他社とは微妙に変えて、特性を出していること。

以上のことから、その企業の商品政策の特徴、集荷能力が推定できるのである。さらに、できあがったグラフを見ると、フォーマットごとの商品政策の違いも一目瞭然となる。また、フォーマットごとに線の色を変えてみると、よりわかりやすくなる。

店舗見学のメンバー一人ひとりが一品種ずつ受け持てば、貴重な資料ができる。そこからわれわれは、商品構成グラフの形の違いがそのまま店数の違いでもあることを学ぶことになるだろう。

しかし、注意すべきは、その品種ないし売場に商品を投入したばかりの〝立ちあがり〟の時期の商品構成グラフと、しばらくたってからのグラフの形が違ってしまう店が多いことだ。〝立ちあがり〟時というのは、生鮮食品なら午前十時ごろ、服飾なら季節始めのことだ。普通は価格の低いほうから売れていくが、その陳列補充（実は商品部の追加補充集荷）の能力がないと、グラフの左のほうの折れ線がどんどん下がっていき、プライス・ポイントが右へ移動していくのである。

したがって、しばらく時間か日数がたってから調べ直すと、商品部と店舗運営双方の技能水準が判明することになるのである。

8 レイアウト

レイアウトのねらい

言い古された言葉に「店は客のためにある」というのがある。しかし実際には客の利便よりも、問屋に補充させやすい、棚卸ししやすいようになどと、店側にのみ便利なように、店内のレイアウトができているのではないだろうか。

レイアウトとは、売場や後方の商品部門と、設備と、通路との、三つの配置のことである。売場づくりが本当に客に便利になっているか、その見方をここで説明しよう。

単純に客のその場しのぎの便宜のみを考えれば、購買頻度の高い商品、人気商品、特売商品を、出入り口とレジの近くに置いておくことである。そうすれば多くの客は、わざわざ店の奥まで入り込まなくても、出入り口近くで買い物をすませることができる。

しかしそれでは、店のほうが困る。客にまだよく知られていないが、知ってもらえば必ず気に入って使いつづけてもらえるはずの開発商品などは、多くの客の目にも触れないまま消滅してしまうかもしれない。購買頻度は低くても他の商品とトータル・コーディネートする、使って楽しい商品がたくさんあることを知らないでいる客もいることになる。

そこで店側としては、客がすでにその価値を知っている、言い換えればすでに客の人気をすでに勝ち取っている商品と、生活提案商品とを上手に組み合わせて売場に配置して、客が自分の意志で楽しみながら、店内をくまなく歩くようにし向けるのである。

主通路

主通路とは、来店客の八〇％以上が通る通路のことである。店の広さの大小にかかわらず、店には主通路がなければならない。

見学店の入口から中に入ったら、すぐに主通路がわかるだろうか。客の大部分が迷わずに、主通路を通って奥の売場に吸い込まれているだろうか。

主通路の設定は、客に店内をくまなく歩かせるために、まっすぐで太い道が大回りの形で通るように配置しなければならない。主通路は、売場面積一〇坪の小型店でも同じく必要だ。

日本では小型の店ほど、ほとんど主通路がないのだ。客は見通しの悪い売場には入り込まない、ということを理解していないからである。

どんな場合でも主通路は、どの通路よりも幅広く、まっすぐでなければならない。幅が広ければ長く感じないし、まっすぐならば見通しが良いからだ。その逆に、売場の通路幅が狭く曲がっていれば、客は歩きたがらない。それに加えて、主通路は平坦でなければならない。傾斜があったり、たとえ数段でも階段があれば、見通しは妨げられ、歩くことが難儀に感じられるのだ。

主通路の形は一〇〇坪以上の売場なら冂型、それ以下なら「型または┐型が基本型だ。売場が一、〇〇〇坪以上の店なら、レース・トラック（競馬場の馬場）つまり□型の主通路が必要である。この場合、売場は主通路と壁面に狭まれた主通路の外側と、主通路に囲まれた四角い、いわゆる平場に区別される。売場面積の小さい専門店では、売場の中央を、店の前方から後方にかけてまっすぐ一本の主通路を通すやり方もある。

この主通路からは、副通路が売場の中へと客を誘導するのである。

主通路の型からわかるように、その曲がり角は直角である。その理由の一つは、店が四角い型をしている以上、主通路が満遍なく売場に客を運ぶには、店の四角形に沿って、通路の角は直角でなければならない。

もう一つの理由は、客の心理として、単純に直角の曲がり角なら方角確認に不安はないが、斜めの通路に入り込むことや、たくさんの曲がり角を曲がることは、自分の位置を見失いそうで、元にもどりたくなる人がふえるものなのだ。

同じ理由で、曲がり角も少ないほうがいいことになる。

また主通路は、店の入口から店の奥までが長いほうがよい。店に対する客の印象がフレッシュなうちに、なるべく店の奥まで一挙に誘導してしまうのだ。入口と出口が異なる場合は、出口は入口と同じ方角に、そして入口とできるだけ離して設けるのが正しい。客が店を出るまでに、たくさんの売場に立ち寄ることになるからである。

第一磁石売場

チェーンストアは、磁石売場を要所要所に配置する。客に店内を満遍なく歩かせるためと、商品による心理的誘導がねらいである。

この磁石売場は、売場のエキサイトメントを演出するものだ。

入店客を店側の思うがままに誘導する方法を、ワンウェイ・コントロール理論という。このような磁石売場が、見学店であらかじめ計算されて配置されているだろうか。実際に、その磁石商品に客が寄り付いているだろうか。

この磁石売場には、四つの種類がある。一つずつ、見学店で確かめてみよう。

初めに主通路の両側をとりまく〝主力〟商品売場のグループを、第一磁石という。そのフロアの中で、特に消費量の多い、または消費頻度が高い商品だ。食品の場合でいうなら野菜、果物、デイリー、肉、魚などの生鮮食品である。スーパーマーケットに行ったら誰もが、そのつど、このうちの数品目を必ず買って帰るからである（図Ⅲ—7）。

衣料品なら、ホット・ファッション商品やふだん着である。本来、ファッションは誰にとっても興味のあるものだ。スーツやドレスは年間何着も買わないが、シャツやセーターなら誰でもが頻繁に買いつづけるものだ。

加えて第一磁石には、企業独自の買付け力を発揮した、他社にまねのできない強力な〝核〟商品グループが当てられる。ここで、わが社の特徴を客にアピールし、他社との差別化を実現するのである。

第二磁石

次に第二磁石は、通路の突き当たりに必ず配置される商品のことだ。その磁石の魅力で通路を歩く客、立ち止まっている客、引き返そうとする客を、店の奥まで誘導する役割を担う。客が目的の商品を見つけたり、買う行動にまで至らなくても、通路を逆戻りせずに、とにかくその通路のいちばん奥まで引き込むという、吸引力をもった売場を計画的に作るのである。

その条件は、第一磁石の条件に、さらに見た目の華やかさと照明の明るさとが必要となる。つまり季節感のある商品（シーゾナブル・アイテム）や、ホット商品などである。これらはもともと、人目をひく華やかさをもっている。

アメリカではこの第二磁石売場に、ビジュアル・プレゼンテーションを行なう。逆に、この第二磁石を無視して他の売場でビジュアル・プレゼンテーションをしても、効果は少ないのである。

ここで、スポット・ライトで浮き上がらせたり、トータル・コーディネート陳列で商品グループをアピールする。数多くの品種を組み合わせながら、それぞれの色彩が互いに美しく調和する新しい服装や、室内用品のきれいな組合せが通路の奥に見えたら、誰もが思わず近づいてよく見てみたいと感じるに違いない。

商品の一品大量陳列も、この第二磁石売場用である。マス陳列は、とにかくよく目立つからだ。

これが季節商品なら、なおさらだ。たとえば十一月に電気ストーブが主通路の突き当たりにどっさりと並び、それがすべて赤々と燃えていたら、その磁石効果は強力なものとなる。服飾品でも食品でも、まったく同じである。

日本の現状は、この第二磁石をまるっきり無視した売場づくりがほとんどだ。主通路の突き当たりがバックルームへのドアだったり、売場と売場の境目だったりする。これでは、客を店の奥まで誘導することなどできるはずがない。

第三磁石

次に第三磁石とは、陳列線のエンド部分のことである。この売場づくりは、フォーマット（業態類型。281ページ「用語解説」参照）によって違ってくる。

アメリカのチェーン、GMSの第三磁石は、わが社が開発したプライベート・ブランド商品の特色を訴及する場所である。

次にウォルマートやターゲットを代表とするディスカウント・ストアの場合には、第三磁石はお買い得価格の品だ。商品を山積みしたうえで、遠くからよく見える大型のプライスカードで安さを訴えるのである。

このエンドづくりで最も迫力のあるフォーマットは、アメリカのスーパー・スーパーマーケットである。一～三品目だけで、壮観なマス・ディスプレイを見せている。それは店内の活気づくりの源泉である。本当に大量の在庫を持っているわけではなくて、あげ底陳列（ダミーと呼ぶ）や陳列器具や補助具の工夫などで大量に見えるだけなのだ。大量に〝見える〟演出なのである。

ところが残念なことに、日本にはエンドをステープル・アイテム（定番商品）の

図Ⅲ－7　磁石売場の位置

(イ)　セルフサービスの場合　第１磁石、第２磁石、第３磁石、
第１磁石でしかも（第１磁石の中の）第３磁石

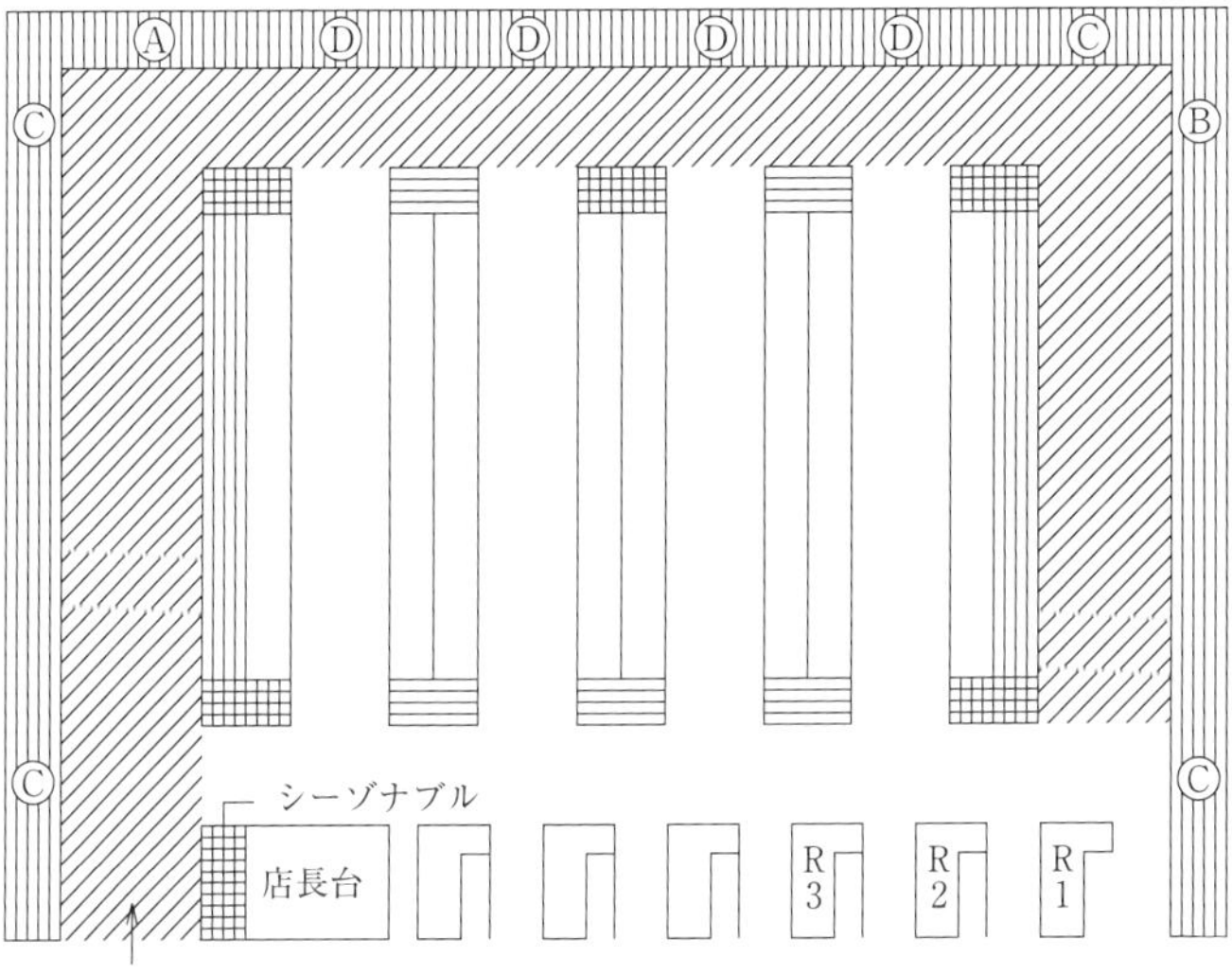

(ロ)　大型の場合（非食品600坪以上）

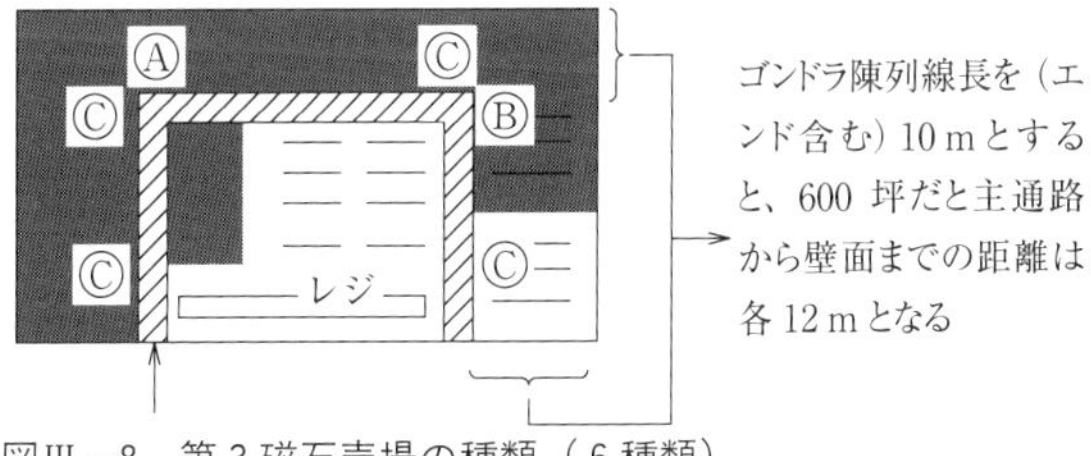

図Ⅲ－8　第３磁石売場の種類（６種類）

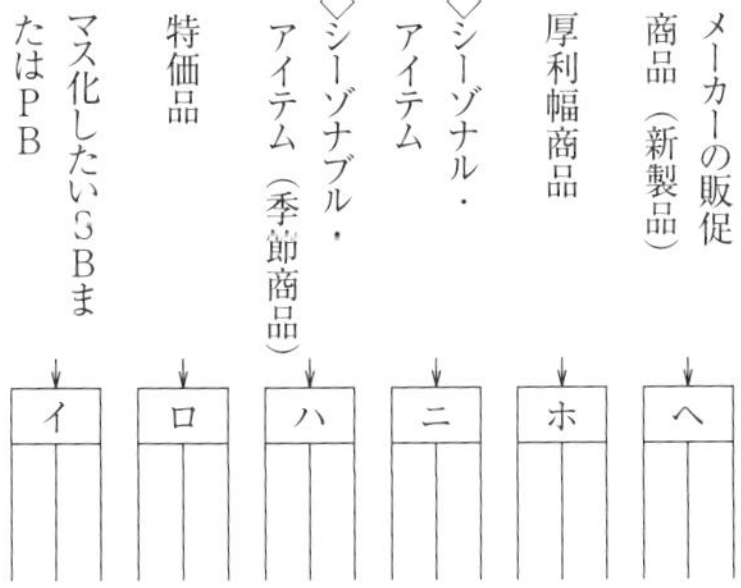

売場にしてしまっている店が少なくない。これでは、磁石効果は期待できない。今日は何が置いてあるか予測できないからこそ、来店のたびに客は楽しみにしてエンドの第三磁石商品を見ながら店内を隅なく歩くのだ。

次にこの第三磁石商品の特徴は、まず特価品である。第二は、これから大いに普及させたい、つまりマス化したいSBやPB商品だ。この中には、高利幅が確保できる商品も含まれる。

第三に、第二磁石と同じように季節商品だ。いつもは店に置いていないシーゾナル・アイテム（短期間だけ扱う必需品、年間計画中に含まれる催事品）も、第三磁石商品となる。その時にしかないからこそ、客は興味を示す。

四番目に、メーカーの販促品も対象だ。新製品の普及特売や、大規模なセールス・プロモーションの期間特売中の品である。店側としても有利な条件で仕入れができるし、客の立場としてもマスコミ広告で知った品を手軽に見られる、という利点があるわけだ（図Ⅲ―8）。

第四磁石

最後にもう一つあるのが、第四磁石だ。この場合は売場ではなくて、特定の品目を指している。第一、第二、第三磁石に誘われて主通路を歩く客を、陳列線に挟まれた副通路へと引き込む効果をねらうものだ。客の注意を喚起するには、特別に目立つものが必要になるわけだが、この磁石ではショーカードやスポッターが活用される。

もちろんその陳列位置は、客の目の高さと胸の高さとの間だ。陳列線から通路に突き出したかたちで直角に取り付けたスポッターで、広告に掲載した目玉商品やSB商品を強調する。

ほかに、意図的な大量陳列品目もこの目的にかなう。陳列台の板の高さをその周辺の商品と変えるという手段も、第四磁石を目立たせる。

衣料の売場なら、壁面にコーディネート陳列をすると、第四磁石となる。この場合、スポット・ライトの利用が有効だ。

こうした磁石の必要性は、あらゆるフォーマットに共通である。アメリカのチェーンでは、日本と違ってそれがきちんと実行されていることに驚かされる。それは、いかなる接客応対技術よりも効果的なのである。

たとえ同じフォーマットの企業の店でも、売場構成を比較すると、それぞれの企業の特徴がつかめるものだ。

そのためには、部門・品種ごとの売場面積を調べることが先決である。床タイルは日米ともに、一片が三〇センチの正方形が多いから、売場の縦と横とのタイルの枚数を数えれば、簡単に正確に面積が計算できる。

たとえば同じホーム・センターでも、家庭用品関連の売場を広くとっている企業、家電関連が多いディスカウント・ハウス的な企業、ハード・ウエア売場が大きい企業などと異なるのだ。商品構成調査の出発点がこれである。

売場構成は面積だけではなく、店内の位置も問題である。それはレイアウトマンというスペシャリストがレイアウト理論に基づいて決め、面積のほうはマーチャンダイジング・マネジャーが決めるのが原則だが、実態は原則を知らない人々による妥協案が多い。それは、季節の移り変りによって変化する商品に対応して、年間四回は変更されるべきものであるが、わが国では残念なことに、店の閉鎖まで不変の店が少なくないのである。

売場の位置を決める基準は、第一磁石である。しかし五〇〇坪を超える核店は、その第一磁石売場の中に、さらに特別に強力な核売場を計画的に配置する。図Ⅲ―7のように、出入口の壁際、店奥の左右両角などである。調査店では、それが何であるかを見きわめたいのだ。

第二は、隣接する売場どうしの関連である。たとえば子供洋品売場は玩具売場に、家族靴売場は婦人洋品と紳士洋品と子供洋品のいずれにも近い場所に配置するなど、購買客層やＴＰＯＳが共通の商品の売場を隣接させるのだ。

つまり、客に隣の売場もついでに見てみようという気を起こさせようというものだ。それがついで買いをふやすことになる。

見学店の売場の配置が、特別な理由で決められたのか、単に業界慣習によるものなのかを推測することである。

売場関連原則

もっと具体的な原則の第一は、一台のゴンドラの裏表に、関連売場を並べてはいけないこと。

たとえば、ベビーフードをゴンドラの片面に、そして紙おむつをそのゴンドラの裏側の面に並べてはいけないということである。それでは、ベビーフードを買いに来た客には紙おむつが見えないことになる。ちょうど裏側に並んでいることになるからだ。

意外に思えるかもしれないが、日本の店では実にしばしば目にする光景である。これでは客単価がふえないだけでなく、品種の足りない貧弱な店というイメージになってしまうのだ。したがって正しいやり方は、ゴンドラの両面ではなく、通路の両側の商品が互いに関連していることなのである。

第二に、通路の両側の売場が同じ位置で終わらないようにする。たとえば客が通路に立ったとき、左のゴンドラも右のゴンドラも売場の境目になってはならない。

左が境目になるのなら、右は売場の真ん中というふうに、常に通路の左右どちらかが連続している状態に売場の配置を決めることである。そうすることで、客の興味を次から次へと売場の奥へとつないでいけるのである。

第三に曲がり角は、曲がり込んでからその売場が終わり、次の売場につながることである。決して曲がり角で売場が切れてはならないのだ。そうでないと、客は角を曲がらないで、もとの通路を折り返してしまうからだ。

第四に、客が買い物をする順序に入口からレジまでの売場の配置をする。たとえば日本のアパレル専門店では、アクセサリーが店頭に配置されている店が多い。しかしアメリカでは、それはレジの前にある。その理由は、本来アクセサリーは、服を買うことを決めたあとで、それに合わせて選ぶものだから、レジの前に配置するのである。買うことに決めた服の支払いが目的でレジ前に着いた時が、アクセサリーを選ぶチャンスなのだ。

見学店の売場の順序が、客が商品を買って行く順序になっているかどうかは、ぜひ確かめてみよう。

図Ⅲ—9は商品大部門間のつなぎ方を説明している。

図III－9　大部門組み合わせ方の実際

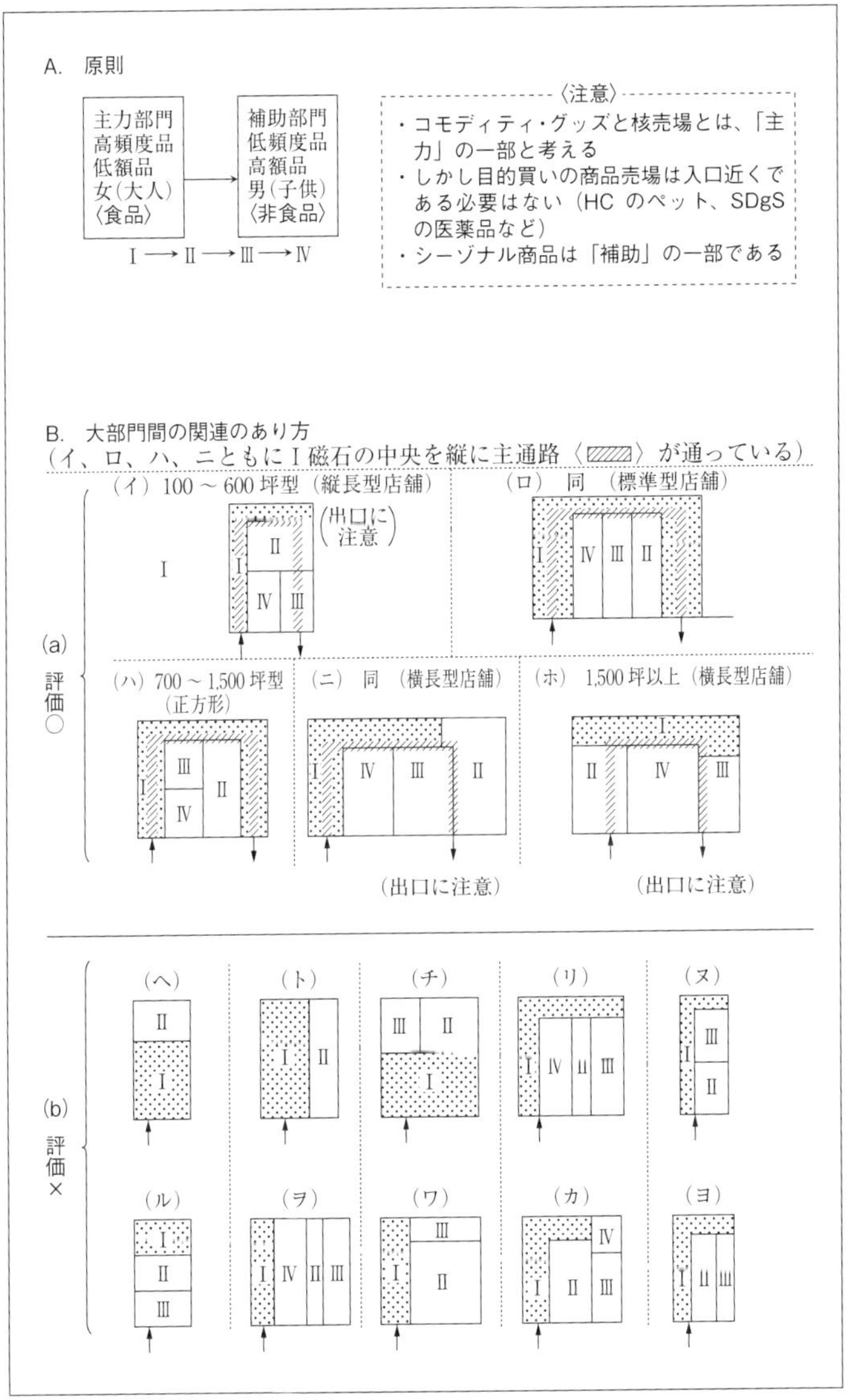

A.　原則
主力部門
高頻度品
低額品
女（大人）
〈食品〉
補助部門
低頻度品
高額品
男（子供）
〈非食品〉
I ⟶ II ⟶ III ⟶ IV
〈注意〉
・コモディティ・グッズと核売場とは、「主力」の一部と考える
・しかし目的買いの商品売場は入口近くである必要はない（HC のペット、SDgS の医薬品など）
・シーゾナル商品は「補助」の一部である
B.　大部門間の関連のあり方
（イ、ロ、ハ、ニともにＩ磁石の中央を縦に主通路〈▨〉が通っている）
（イ）100 ～ 600 坪型（縦長型店舗）
（出口に注意）
（ロ）　同　（標準型店舗）
(a)
評価○
（ハ）700 ～ 1,500 坪型（正方形）
（ニ）　同　（横長型店舗）
（ホ）1,500 坪以上（横長型店舗）
（出口に注意）
（出口に注意）
(b)
評価×
（ヘ）
（ト）
（チ）
（リ）
（ヌ）
（ル）
（ヲ）
（ワ）
（カ）
（ヨ）

ゴンドラの陳列線は長いほうが望ましい。この点、日本では、あまりに短すぎるのだ。

ゴンドラの定型サイズは、幅が〇・九と一・二と一・八メートルだから、それを一〇本以上つなげるのが正しいやり方である。最低でも、一二メートル必要だ。

アメリカの標準的なスーパー・スーパーマーケットでは、ゴンドラ・アイル（ゴンドラ前の通路）の長さは一八〜二四メートルもある。横通路なしで、これだけの長さを連続させている。

ところが日本では、九メートル以下がほとんどで、なおかつ三〜四メートルだけのゴンドラ・アイルも多い。このように陳列線を分断しては、関連売場を次から次へと、つなげていくことができないし、陳列線の連続による〝迫力〟を演出することは不可能である。

だから、日本の店は、エキサイトメントに欠けるのである。一品大量陳列の欠如とともに、陳列線の短さがその原因になっているためだ。

横通路は客の便宜のため必要だという根拠はなく、そんな面積がとれるのなら、通路を幅広くとってくれるほうが、客にとっては数倍もありがたいのだ。しかも関連売場が連続していれば、この上なく客にとっては便利なことなのだ。

床のビニール・タイルの枚数を数えて、陳列線の長さを計算しよう。ぜひ、日米のその長さを比較してみよう。

9 プレゼンテーション

商品がすぐれていても、買物環境が心地よいものでないと、客足は遠のく。あるべき条件は、①クリーンであると同時に、②温か味のあること。そしてなおかつ③フレッシュで、④エキサイティングなことだ。

店を見るときは、入口を入ったところで立ち止まり、上から下まで、右から左まで見わたしてみることだ。そうすれば、店の雰囲気をつかむことができる。

その時に自分が客の立場に立ってどう感じるか、言葉で表現してみることがコツである。続いて、なぜそう感じるのか、その原因となるものを実察に探すことが肝心である。意識してこの観察をしないから、いつまでたっても〝感じ〟で終わって、わが社への教訓にならないのである。

実際にこの雰囲気を演出するための手段は、第一にクリンリネス（清潔さ）である。これは高コストの設備とか、掃除を始終させるといったものではない。まず内装の色と形とで表現することだ。天井、壁面、欄間、床、それに陳列器具とＰＯＰ

広告である。

たとえば内装に使っている色が原色や濁色だと、清潔な感じを客に与えにくい。澄んだ中間色を使うと、簡単にクリーン・イメージとなる。さらに、色の分量と形とのバランスで、見え方が変わってくる。

次は、設備や商品をクリーンに保つための掃除の技術だ。優良企業なら、もともとあらゆる設備は汚れにくく、掃除がしやすく、同時に耐久性があるように資材を選定し、設計してある。さらに、掃除のために頻繁に使う道具や洗剤などが、そのためだけに開発されてもいる。

掃除作業者の熟練した技術や骨惜しみしない努力なしでも、楽にクリンリネスが維持可能なように、システム化されているはずである。

とくにこの分野については、日本の企業の立遅れがひどいから、ぜひアメリカのチェーンの場合を細かく観察してほしいものだ。

第二に温かさと親しさとについては、これも内装の色や形でまず表現できる。クリーンな感じがしても温かさがないと、落ち着かないものである。

たとえばかつてアメリカのスーパー・スーパーマーケット・チェーンのA&Pが、黒と白の二色だけを使った斬新なアイデアで店を作ったが、店に入ってみると、清潔感はあっても、なんともひんやりと冷たい感じがして、長居はしたくないと思わせるものがあった。

そのほか、照明や各種サイン、ＰＯＰ広告でも、色づかいとその大きさで、店のイメージは大きく変化するものである。

広々とした店内

広々とした感じの演出も、店づくりの要件である。ゆったりと快適な買い物気分と品揃えの豊富感を醸し出すためだ。

店を見たとき、実際の売場面積よりも広く感じるようなら、成功していることになる。逆に売場面積の実数よりも、はるかに狭く見える店が多いのである。店内の見通しが良ければ、広く感じるものなのだ。そしてそれは、店内通路に立った客が、どの位置からも壁面の欄間が見わたせるかどうかで決まる。

この場合、第一に陳列の高さも関係がある。しかし天井が四メートル以上、できれば五メートル以上と高ければ、一・八メートルの高さのゴンドラを使っても、広い感じはそこなわれない。

第二は、天井の高さが低いときは、目線より高い陳列や、天井直付けの蛍光灯は売場をますます狭く見せるのである。したがって背の高い陳列は、客の視界を妨げないように壁面に配置されねばならない。

さらに見通しをよくするためには、このほかにも、通路幅が広くて、まっすぐなこと、むだな装飾がないことが不可欠である。店内を見渡したとき、メーカーが配ったポスターや各種のディーラーズ・ヘルプ用品とか、特売垂れ幕などが、視野を阻むようでは落第である。

こうした原則が守られてこそ、広々した店としての雰囲気の演出が実現されるのである。

店舗は、設計者の〝感性〟から生まれるのではない。現実には一世紀にわたる店づくりの経験法則が理論体系化されており、それが一つひとつ忠実に実行された結果、総合的に表面に現われたのが店内のムードなのである。

エキサイティングの演出

買い物環境としての店のエキサイティングなムードを盛り上げるには、豊富感の演出も基本条件だ。

実際に品揃えが豊富であることももちろん重要だが、それだけでは決して豊富な雰囲気づくりにはつながらない。

客が店内に一歩足を踏み入れたとたんに、「うわー、いっぱいある」と、感動を与えるムードづくりには、また別の演出技術が必要である。他社の店を見るとき、入り口を入った途端に、この感動がわき起こるかどうか、注目したい。

その演出のためいちばん頻繁に使われる方法が、商品の一品大量陳列である。アメリカのスーパー・スーパーマーケットやコンビネーション・ストアではどこの店でも必ず、ゴンドラ・エンドや常設のシーゾナル売場で、一〜二品目だけを、二メートル以上の高さまで山積み陳列をしている。

その一品大量陳列は、実は張り子のトラのように、中心の見えない部分には商品が詰まっていない場合が多い。ダミー陳列具（たとえば段ボール箱など）を使って、表面の陳列だけでボリュームを出しているのだ。

これは非食品の各種フォーマットにも共通で、ファッション店にとってさえ必要な原則なのである。

ここで注意すべき点は、エキサイティングの演出といっても、店の通路に商品がはみ出したり、乱雑に放置されたり、呼び込みの声がにぎやかといった、やたらに混雑している状況とは違うことだ。

ほかにも、商品のさまざまなプレゼンテーション技術を駆使することで、店のエキサイティングなムードを高めることができる。見学店各社が使っているこうした〝手〟をたくさん発見して、わが社でも取り入れてほしいものである。

プレゼンテーション

プレゼンテーション（演出）とは、商品の値打ちを客に対して効果的に訴えることと、言い換えれば商品に自己主張をさせることである。

だからといって、技巧を凝らして陳列することや、単なる販売促進策のことではない。

「主張をする」という以上は、本来、他店では手に入らない、わが社だけの独特の商品でなければならない。値打ちのある自信のある商品だからこそ〝演出〟するのである。当然その大部分は、SB、あるいはPB商品だ。しかし、仕入れた商品の中で特徴のきわだつものについて、まずその商品の違いを主張するのが、ここでいう〝演出〟である。

このプレゼンテーションの技術は、店舗見学から学ぶのがいちばんの早道である。本来、売場の主役は商品である。ところが実際には、舞台装置のはずの店の内装に膨大な投資をしたり、高価な什器や商品でもない装飾品で売場を飾りたてるといった、金のかかる仕掛けが必要だと間違えて信じ込んでいる店が、日本ではむしろ大多数なのである。

赤や黄色といった特別にきわだつ色彩のPOP広告を、所狭しと天井からぶら下げるのも、同様な錯覚だ。日本では、季節感を表現するのは、正月には凧と羽子板を、春には桜の造花を、ショーウインドーに飾ることだと思い込んでいる店も少なくない。そうではなくて、商品そのもので季節を明示するべきなのである。

内装や什器は脇役

商品が役者で、売場はその舞台である。それ以外のものが商品以上に目立つことがあってはならない。内装や什器は、商品を引き立てるためのものでなければならないのだ。

壁面や床にアイボリー色を使うのがこのところ流行しているが、壁や床が光の反射でギラついて、商品より先に目に飛び込んでくる。天井が低いと、なおさらだ。しかも、ひやっとした冷たい感じさえして、居心地が悪くなる。

店の内装に使用する色は、どんな商品の色をも引き立て、しかも四季を通じて違和感のない中間色を使うべきことを、欧米のチェーンは教えている。

他方、陳列器具などの什器に金属やガラスを多用すると、これも反射して商品より目立ってしまう。

照明も、明るすぎるのは逆効果である。明るくすれば商品が見やすいと考えるのは、素人の錯覚である。フォーマットによって適切なルックス値は異なるが、明るすぎると光が反射して目にまぶしいだけで、かえって商品が見えにくくなる。

したがってフォーマットによっては、部分的に間接照明を採用すべきである。日本では蛍光灯をむやみに取り付けているため、床上六〇センチの上を向いた面が一、〇〇〇ルックスにも達して、明るすぎる店がほとんどだ。欧米のチェーンは食品で六〇〇ルックス、非食品で二〇〇ルックスと低いのだ。

そのうえわが国では、スポット・ライトを併用するから、スポット・ライトのほうが負けてしまうだけなのである。やや薄暗いところでスポットを当てるからこそ、照明効果が上がるのである。

一方、陳列器具はすべて可動式でなければならない。主役である商品のプレゼンテーション方法に合わせて、陳列器具の使い方が決まるべきだからだ。陳列器具に商品を合わせるのでは、主客転倒しているのである。売場区分も、三か月に一度は検討し直し、売場のレイアウトは変更されるべきである。そのためにも、什器や備品は可動式であるべきなのだ。

可動式とは、女性店員でも楽に動かせるもの、ということである。このプレゼンテーションの変更作業を、営業時間中に女性の作業員が指示書を見ながら一人で楽々とラックを動かし、棚を組み立て直しているのを、あなたはアメリカ現地でしばしば目にするはずである。

売場の商品分類は生活者がどのように使うかという、使い方によって分けられるのが正しい。

つまり、TPOSごとに分類するのがチェーンストアの常識である。プレゼンテーション計画は、そこから出発しなければならない。

たとえばノートの場合、学童用と大人が仕事用に使うものとでは、まったく違う商品である。子供向けに表紙にマンガのついたものや罫線の太いノート、女子生徒が好むファンシーなノートと大人用の実用本位のものとが、入り混じって陳列してあっては品選びに困るのだ。

他方、家庭内の事務作業用のノートを買いに来た客にとって、「ホーム&オフィス・サプライ」売場で領収書など書類整理用のファイルを同じ売場で発見したのなら、うれしいに違いない。

文明人は、どの人間もがたくさんのTPOSを使い分けて生活している。その種類が多いほど、文明水準は高いのである。それを明確にするのが、TPOS分類なのだ。それは便利さのゆえに店の評判を高め、客数増加対策にもつながるのだ。

中分類はコーディネート提案

TPOS分類した商品グループは、その商品の種類によっては、ゴンドラ一台分だったり、二〇坪の売場を埋める量があったり、さまざまだが、大分類の次は売場の中分類を決める番である。その際のねらいは、品種のコーディネート化を図ることである。

たとえば婦人用のふだん着（アメリカではスポーツ・ウエア）売場から、トップとボトムと重ね着するものを、コーディネートする（色やスタイルがマッチして同時に着ることができる）ものどうしを、売場内で互いに隣接させてプレゼンテーションするのである。

ルックごとにグルーピングする、といったほうがわかりやすいかもしれない。日本では、ブラウスはこちら、スカートはあちらというように、製造業界種類別に分類する、客の便利さを無視した店が多い。これでは、客はそれらの商品を身に着けるときに、何と何を調和させたらよいのか、どう組み合わせればよく見えるのかということが、頭に浮かんでこないのだ。

この問題はアパレルに限らない。寝具や食器や、もっと他の商品でも同じことである。たとえば食事をするときに使うものなら、その分類には食器に限らず食事をするときに関係する、あらゆる品種が含まれる。

その売場には、皿や茶碗などの陶器だけでなく、椀や箸、醤油さし、盆、テーブル・クロスなど、いろいろな品種が揃うはずである。かつては陶器、塗り物、布帛製品というように素材分類されていた品々であるが、鍋物をするときに食卓で使うもの、麺類を食べるときに使うものというふうに、同時に使うもののグループごとにまとめていっしょに並べられる。それが、品種間コーディネーションの陳列である。

それとは逆に、万能の食器という分類があってもよい。この場合、ふつうは他の分類に入る商品が、「万能」という分類にも重複して入るのである。液体を入れるものだけを集めたグループ、というのもよい。

分類を決める際のポイントは、その分類が人目をひき、また使う側にとってわかりやすいボリュームになるのかどうかということである。細かく分けすぎて、客側から見ると何の分類なのかわからないという状況では、そのまま死に筋になってしまう。

見学店で売場分類がどのように区別されているかということは、その企業の商品アソートメント・システムの先進度を示すバロメータなのである。

見やすい触わりやすい陳列

客に商品の値打ちを知ってもらうには、まずその商品が客にとってよく見える状態でなければならない。次に、客自身が自由に触われることだ。

見学店の陳列は、見やすく、触わりやすいものであろうか。好きなだけ時間をかけて、比較購買ができるようになっているだろうか。

商品が箱入りのまま陳列してあったり、たたんだままだったりすると、客は商品を自由に見ることさえできない。もちろん、触わりにくい。商品がショーケースに入っていて、いちいち店員の手がすくのを待って頼まなければ、出してもらえない状況も同じである。このような場合、客が興味をもって、店の人に「見せてくれ」

と頼んだら、実際に商品が気に入らなくても買わされてしまいそうで、うかつに頼めないから結局、諦めてしまうこととなる。

日本の衣料品売場で普及している陳列形式は、セーターやブラウスをたたんで平台の棚に積み重ねる、というやり方だ。店員は決まって、「どうぞご自由に広げてごらんください」と陳列棚に近づいてきた客にいうのだが、客にしてみれば広げるのが面倒だし、そのあと、もとに戻すのも面倒だ。さらにその商品に触わったとたんに、店員から押つけ攻撃にあいそうで不安である。ひっくり返して見なければ値段もわからないのだから、もしも高くて買えない値段だったら、店員に言いわけするのが大変だと尻込みしてしまう。

ショーケースに入った商品も、同様の欠点をもっている。高額品やよほど小型の商品など、盗難問題を抱えている品以外は、オープン陳列にすべきなのである。

見本陳列

部品がバラバラになるとか、持ち帰りにパッケージのままのほうが客にとって便利という商品の場合、たとえば家電や組立て家具、日用雑貨の時には、見本展示が必要である。食品にも、試食台や調理後の見本展示がふえはじめている。

客が触わりやすい位置、つまり腰の高さに見本を置き、実際の販売物をその下または奥に置く。説明ＰＯＰを付ける場合は、誰にもわかりやすい表示で一五字以内の簡単な文章で、目の高さに取り付けねばならない。
価格表示は、遠くからでもはっきり認識できるものかどうかも問題である。

アメリカのGMS、シアーズの店舗見学では、この見本陳列が強烈な印象を与えるはずだ。同社は自信のあるPBがあるので、商品自体が自己主張しやすいわけだが、見本展示とPOP広告による商品説明の併用は世界のモデルである。

商品の正面、つまり見せたいフェイスを客に見せる陳列が原則である。衣料にとってはそのことがとくに大事だからこそ、ウオーターフォール型の陳列器具を使うのだ。

したがって、磁石売場に配置されたマネキンが着ている服やショーウインドー内の商品のように、客が手に取って見られないものの隣には必ず、同一の触われる商品を配置することが当り前とされている。見学店では、そうなっているだろうか。実は日本では、そうした事例が不思議に稀なのである。

マネキンが客の目をひいたとしても、手に取って検討する商品がその回りにないのでは、客のせっかくの興味も、そこで終わってしまうだけで、購買には結びつかないのである。

在庫が十分にあるときは、たたんだ商品を色別に棚に積み上げて、色のバラエティを強調する。しかし陳列位置は、壁面に限られる。〝少しずつ〟・〝いろいろ〟方式の品揃えでは、このような効果的なプレゼンテーションは発揮できるはずがない。一品大量の品揃えというイメージづくりが不可欠なのだ。客にとっては「いろいろたくさんある」ように見えることよりも、必要なものだけが、一目で揃っているように見えることのほうが、印象深いのである。

客は商品を見ることによって、その存在を知る。触わることによって、その値打ちを理解する。逆にいえば、客にとって商品が見えにくければ、その存在を知ることはない。また、触わりにくければその商品の値打ちを理解する機会はない。だから、客が商品を自由に取り出したり戻したりできるように、売場では工夫の限りを尽くさなければならないのである。

この当り前のことを当然のように着実に実行することが、チェーンストアの現場である。アメリカの店舗では、これらの法則が着実に実行されているのに、日本の実情は間違ったことが多すぎるのである。他店見学と自店見学でも、良い例と悪い例とを、はっきりと区別して学び取るべきなのだ。

10 作業

店は、営業活動の締めくくりの作業をする場所である。だから店段階の人のおもな仕事は、

① 商品管理、すなわち数量管理と品質管理。
② 接客応対。ただし受動的応対だけで、客からの質問や要望を聞くことや、返品交換、苦情処理である。客側の意思表示がないかぎり、挨拶以外には店側からのアプローチはしないのがチェーンストア方式なのである。
③ 代金受領。ICカードによるキャッシュレスも進行中。
④ 客からの情報受信。最近ではPOSの発達で、商品の売行きは本部でたちどころにわかるけれども、店に初めから置いていない商品についてはわからない。これについて、店は本部への報告義務がある。
⑤ 商品と設備のメインテナンス。

店の任務はこの五種類だが、実際には「無限にふえていく作業種類と作業量」と「客の心からなる満足」との妥協点を見つけ出すことである。

扱い品目数をむやみに増やしたり、接客を優先させたら、店段階の作業は際限が

ない。その種類も数も、どんどんふえていくものだ。

しかしそれでは、店の経営は成り立たない。それとは逆に店の利益だけを優先したら、こんどは客が寄り付かなくなる。そこでやる作業の種類は、店でやらねばならぬことだけに限定しなければならないとしてつきつめたのが、前記の五項目なのである。

しかし、やる以上は完全作業でなければならない。そこで店舗経営における最大の着目点は、

① 店段階でぜひともやるべき作業に絞り込んでいるか、である。本部、ディストリビューション・センターやプロセス・センター、あるいはコミッサリーでやれること、いやむしろ一か所で集中的にやったほうがよいものを店でやっていないか、である。

② もう一つは、その作業を完全にやっているか、である。いいかげんな作業でごまかしていることが、現場ではしばしば起こっている。未熟練な人がやっていないか、だ。

③ 三つ目の切り口は、その作業頻度である。頻度が多ければ自然に人時数がふえる、人件費がむだにふえつづける。となると、どれだけその作業量をまとめて一挙にやっているか、が決め手となるわけだ。

④　最後に、その作業は、その曜日の、その時刻にやるのが、はたして妥当なのかどうかである。

言い換えれば右記の四項目は、稼働計画と作業割当てと現場作業教育の三点が確実に行なわれているかどうかの尺度でもある。

店員の動き

あなたが店を訪問している時間中、従業員の一人ひとりがどの位置で何をしているかをマークしよう。どんな姿勢で、どんな道具や消耗品を使って、どんな動作の順序で、何をしているかを観察し、その理由を考えてみよう。

アメリカ視察でこの観察と分析とをすると、それだけで高い渡航費のもとがとれるほど、貴重な教訓を得ることができる。なぜなら、わが国の流通業で最も立ち遅れているのが、この作業システムだからだ。

店長のとっさの場合の処理の仕方も、観察に値する。客がどっと来たとき、雨が降り出したとき、レジに客があふれたときなどだ。特に視察チームがアメリカのFSに一挙に入店した時の店長の動きは、見ものである。店長の機敏な動作と指示の仕方を見ているだけでも、たくさんの収穫があるものだ。

小売業では、パート店員が陳列変更をしている。商品一つひとつにゴンドラ一台分の配置がスケッチされた絵を見ながら、そこに書き込まれた品番と実物の商品を照合しながら、スケッチの指示書どおりに新しい陳列を完成させていく。

そこであなたは、日本の店と比較して、あまりにも少ない従業員しかいないことに気がついてほしい。アメリカの店では、従業員一人当りの面積が日本の五倍から一〇倍と広いのである。

人時生産性向上の工夫

したがって、企業の収益力を左右するのが、作業システムと人時生産性である。それこそ、これからの日本で競争に勝つための武器なのだ。

この人時生産性を上げるためには、店における現場作業は、できるだけ少なくするべきであると同時に、その作業は未熟練者が楽にできる作業形式として確立されていなければならない。特殊な熟練を要する作業なら、毎回同じ結果は得られない。誰がやっても同じ結果が得られる、単純な作業形式となっていなければならない。そこを見学したいのだ。

それらは、店段階で最優先に完全に遂行するべきだ。しかし現段階では店でやっているが、本来は店でしなくていい作業もたくさんある。他社の店ではどんな作業が行なわれているか、観察しよう。その企業がチェーンとしての第一課題の一つである人時生産性の向上に真剣に取り組んでいるかどうかは、それでわかるのだ。

店で行なわれていない作業を発見したら、次はそれをどこで肩代わりしているのか調べてみよう。ディストリビューション・センター、プロセス・センター、コミッサリーを活用しているはずだ。

あるいは、作業そのものをやめてしまったのかもしれない。作業の回数を減らして、能率化を図ったのかもしれない。

アメリカの場合、店員の数は減らしても、日本で多くのセルフ・サービス店がやっているように、レジでのサッキング（最終包装）を客にさせるようなまねはしない。客へのサービス・レベルは、きちんと守っているのである。

店舗見学の際、その企業が人時生産性向上という緊急に必要な難問題に対して、どれだけ真剣に対処しているのかを見きわめることだ。人件費対策こそ、競争時代に生き残れるかどうかの決め手なのだ。

従業員の行動

作業システムが前向きかどうかを知るには、次のような現象に注目することだ。

第一に、動作の問題である。従業員の作業は、マニュアルに基づいて行なわれているかどうかだ。二人以上が同じ作業をしている場合、同じ手順で、同じ動作をしていれば、何かのマニュアルがあるはずである。次の作業に移る前に何かの書類を見ていれば、それもマニュアルである。

作業を構成する動作の一つひとつは、作業者の体の部分のすべてを効果的に使った、リズミカルなものでなければならない。たとえば陳列棚への商品補充作業なら、両手を同時に別方向へ使い、足も腰も動作にリズムがあるかどうかである。

日本の店では片手しか動いていないし、足も腰も硬直したままのが多いのだ。

一人ひとりが完成された法則に従って動いているのは、正当な作業マニュアルと的確な作業訓練によるものなのだ。これもまた、アメリカのスーパー・スーパーマーケットなどで、あるべきモデルを見つけてほしいテーマである。

アメリカのチェーンの作業のみごとさは、学校教育レベルの差によるのではなくて、作業システムがあるからなのだ。両手両足の動かし方だけではなく、物の置き場所、使う道具、治具、作業の手順が、すべてマニュアルとして決められている。それは特別な能力や特別な努力なしで、そのとおりにできるように築かれてきた方式である。

同時に作業をより正確に、そしてより簡単にできるように、各種の補助道具（正しくはjig＝治具と呼ぶ）を活用する。店舗見学の際、わが社がまだ使っていない用途限定型の便利な治具を、たくさん発見してほしいものである。

次に、作業システム上の着眼点は、現場で行なう作業の種類が非常に少ないことである。チェーンストア経営は、そうでない企業よりもパートタイマーへの依存率が高い。しかし彼らの一日当りの勤務時間数は、三～四時間と短い。

それでも作業を確実に遂行させられるのは、単能職として職務を簡略化しているからだ。日本では社員と同等な作業種類を押しつけている。これでは長時間労働になるし、どの作業も不完全になってしまうのである。店段階でやるべき作業種類は、日本で一〇〇種類以上なのに、アメリカのチェーンではせいぜい五〇種類以下なのだ。

陳列設備の工夫

商品を陳列する設備の工夫によっても、人時生産性は向上する。

繰り返すが、陳列設備は可動式でなければならない。商品在庫の増減に合わせて、陳列設備の配置や陳列方式を変更するためだ。

たとえば壁面の棚陳列なら、在庫の多いときには棚をはめ込んで陳列する。在庫が減るにつれて、上の棚からはずしていく。在庫がなくなれば、棚をすべてはずして正面を向けた商品の見本陳列場所とするのだ。それは簡単にできる。

ゴンドラやラック陳列具なら、キャスターがついていれば、女性店員一人で簡単に移動させられる。売場構成は、月に一度は変わっていくべきだからである。見学の際の着眼点である。

後方在庫を持たない前提だ。後方に在庫を一時置きすると、それらを売場に陳列するまでに、補充のタイミングを何度も調べたり、整理したり、移動したり、積み替えたりと、売場と二重に商品管理の手数がかかるからである。

ＰＯＰ広告やプライス・カードの工夫も、マークしよう。多くは本部で入力したものが店のパソコンで出力される。ゴンドラ・エンドの特売プライス表示には、めくるだけで簡単に値段が変えられる、日めくり形のもある。それらがいかに簡略に少ない文字数で客にアピールしているかが、調査対象だ。

衣料の場合、日本ではたたんだ商品を棚に積み重ねて陳列する方法が多いが、アメリカでの主流は、パイプラックにハンガー掛け陳列が主力である。そのほうが客にとって簡便であり、店にとっても陳列整理作業の手間が省けるうえに、たたみ直す手間も不要だ。そのうえ、目による数量管理も容易となり一石三鳥なのだ。

このような人時生産性向上対策としての陳列設備の工夫は、アメリカのチェーンならもちろん、日本のチェーンストア志向企業の店でも事例がふえているのだ。見学店からその手法を学び取ることが大切である。

チェック・アウトの工夫

レジではＰＯＳを使っているかどうかよりも、チェック・アウトの能率を良くするために、どんな工夫がしてあるかに注目することである。

たとえば日本の衣料の場合、客が持って来たハンガー掛けの商品をチェッカーはハンガーから商品をはずして、近くのハンガー置き場に入れる。ハンガーの量がふえると、サイズ別分類をしたあと、後方に保管し、新しい商品が納品されたら、新しく衣料を一つずつ掛けてから、売場に戻す。

ところがアメリカでは、海外生産地の縫製メーカーから一貫して、商品がハンガーに掛けられたままで売場に到着し、チェッカーはそのまま客に渡してしまう方法が多用されている。この間、一度も掛け替えられてけいないのだ。

日本流の方法なら、合計すると膨大な数の店段階作業工程をかけていることになるが、アメリカのチェーンはその分を省力化しているのである。

こうした例を、見学の際に探してみよう。それと同時に、レジの〝エキスプレス・レーン（限られた数の商品だけを買う、急ぎの客へのサービス対策）〟やセルフチェックアウトの存在も、マークしたいところだ。

チェック・アウトの際、客に最終包装をさせないでチェッカーがやってしまう対策や、食品などでかさばって重い買物袋を駐車場の車まで運ぶサービスも、わが国でこれから競争が発生すればふえていくはずである。

店への納品の工夫

先の衣料ハンガーのように、店段階の作業種類を減らすためには、納品の方法から改革しなければならないことがわかったはずだ。

そこで細かく店を見ていると、メーカーの段階でそのまま陳列できるように梱包され、接客なしで自然に商品が売れていく状況を、まだまだたくさん見つけることができるだろう。その対策をフロア・レディ・マーチャンダイズ（ＦＲＭ）と呼ぶ。ダンボールのふたを取ったまま陳列棚に積み上げられて、しかも客から見て売価が明示され、デザインとしても美しく、迫力もある。その箱などの梱包材をシェルフ・レディ・パッケージングと呼ぶ。

小型家電なら、箱のどの面を向けても、中身の商品の実物規格とその用途とを、確実に客に知らせる工夫がある。しかもその箱の大きさは、標準型陳列棚の奥行きと高さに見合ったものである。

もともと商品の補充陳列の際に納品時の荷姿のまま、売場内の陳列位置までカートまたはパレットで運ばれ、そこで解体されることが望ましい。

他方、トラックと荷卸し後の運搬のために、ダンボールや通い箱の構造と材質との工夫も見逃せない点だ。それは、開封と処分まで手数が簡単にすむようにした例を見つけることである。

こうした改善には、メーカー、サプライヤーなどのベンダーと店側との合議が必要である。日本のビッグストア・グループの中にも、すでにこうした改革に力を注いでいる企業がある。

店舗見学から、ぜひこうした点を学びたい。

用語解説

アソートメント　assortment

商品の組み合わせ方。部門構成と品種構成と商品構成の総称。

観察、分析、判断

観察　hard look, close examination

問題点を発見すること。

分析　analysis

「観察」によって発見した問題点について、①その原因や事情を推定し、さらに②現場で、現物で、当事者にたしかめてから③「事実と事情との確定」をすること。

判断　judgment

改善案（応急処置、すぐに実行できること）と改革案（新しい制度づくり）の起案。

競合

一見、店数が多くて競争と見えるが、実は、中型以上の企業なら楽に経営が継続できる状態。

競争　competition

大型企業も倒産するような、販売合戦が厳しく、同業が並存しにくい状態。

コモディティ・グッズ　commodity goods

必需品の一部で、実物を見せなくても売れてゆく商品のこと。客が品質について一般的信用を持ち、売価はどれもほぼ似通っている品。

商品管理センター

トランスファー・センター　transfer center

デポ（depot）のこと。商品や仕掛品や材料・消耗品をその店のその日の補充数量だけ、売場通路ごとに分類して配送する施設。

ディストリビューション・センター　distribution center（D.C.）

商品を大量に動かすために必要な商品管理施設。目的は①各店舗（事業所）現場の欠品をなくすこと。②商品または材料の品質（または鮮度）を均質に維持すること。③トータルの人件費コストを引き下げること。この場合のコストはD.C.内における直接経費だけではなくて、店舗（事業所）段階の人件費も大幅に減少することが必要である。貯蔵や熟成、包装・加工場、冷蔵・冷凍倉庫、配送トラックの修理工場と大駐車場が含まれる場合がある。

プロセス・センター　process center

食品の一次加工と二次加工場。材料選別から加工、プリ・パッケージ、値づけまでの作業を一括して行なう。一か所から五〇～二〇〇店へ出荷する。

コミッサリー　commissary

フードサービス業のプロセス・センターのこと。一括調理センターで、工学的な生産管理方式をとり、家庭の台所のような手作業主力方式のセントラルキッチン型とは区別する。

ショッピングセンター　shopping center

商店街にかわる商業施設。

サバブに立地し、全体が、ひとつにまとまった小売業とＦＳ業とサービス業などの集団として計画され、共通の経営政策で運営されている。①ダウンタウンや駅前でなくて新興住宅地帯の住民が集まるのに便利な主要道路沿いにある②建物に隣接した無料駐車場がある③ディベローパーが選んだ店が、指定の位置と広さで出店する④単独で遠方から客を引き寄せることのできる「核」店が複数で出店し、その合計面積は全体の二分の一以上である⑤サブテナントは、核店と必要商圏人口が似通ったフォーマットが多数入居する⑥販売促進はセンター全体でやる。日本の駅ビル、寄合百貨店、地下街、専門店ビルなどは、ショッピングセンターではない。

スーパーウェアハウス・ストア　super warehouse store

売場一、五〇〇坪を超える倉庫型のスーパーマーケット。ふつうのスーパー・スーパーマーケットより広いが、品目数は約半分。無装飾、ダンボール積上げ式陳列。

スーパー・スーパーマーケット　super supermarket

大型スーパーマーケット（セルフサービス方式の総合食品店）。

ストア・ブランド　store brand；SB

ナショナル・ブランド商品などがすでにあり普及している商品分野で、取引方法や製造原価を変えることによってチェーンストアが独自に製品開発した商品。ナショナル・ブランドよりも三割以上安いことが絶対条件。プライス・ブランドと、それよりもさらに安いコンペティティブ・ブランドとも呼ばれる。機能面で独特の使う立場から見た特徴がある場合、クオリティ・ブランドと呼ぶ。

ゼネラル・マーチャンダイズ・ストア　general merchandise store

日常家庭で使う品種は、食品と自動車を除いて、ほとんど扱っている。売価はアッパー・ポピュラー・プライスにしぼり、セルフサービスで販売。ＲＳＣやＣＳＣの核店として出店し、売場面積は二、〇〇〇～三、五〇〇坪。

チープ　cheap

仕入方法や流通習慣を変えることで生み出した安さのこと。三～四割引きが普通。

ＴＰＯＳ　time, place, occasion, (life) style

用途（使いみち）の種類。どんな時に、どんな所で、どんな動機で（本当は何をしたくて）、どんなライフ・スタイルかの区別。これまでの品種やメーカー別の区別は否定され、この概念が基本となる。

ディスカウント　discount

チェーンストアでは、チープに対して使われる技術用語。生産の習慣や仕組みを変えることで生み出した安さのこと。実現すると、それまでの常識的売価は半減、またはそれ以上に下がる。

ディスカウント・ストア　discount store

ゼネラル・マーチャンダイズ・ストアの商品を、さらに大衆・実用品だけに絞った、大型セルフサービス店。

ホット商品主力で、ロワー～ミドルポピュラー・プライスレンジが特色。スーパーマーケットが開発した販売技術と管理理論と、ディスカウント・ハウスの価格訴求力とゼネラル・マーチャンダイズ・ストアのマーチャンダイジング手法を加え、ショッピングセンターの立地理論を活用して、価格レンジを低く、狭く絞り、部門間商品レベルの統一をしたチェーンストアである。単純な割引店や、ディスカウント・ハウスではない。

売場面積は二、四〇〇～三、六〇〇坪。商品の大部分はソフト・グッズ主力で、ふつう六〇～一二〇部門をライン・ロビングしている。三～四割引売価のナショナル・ブランドとプライベート・ブランドを組み合わせる。

アメリカでは、小売売上げの一三パーセントをとり、最大の非食品フォーマットだ。

ディスカウント・ハウス　discount house

定価割引屋。

スーパーマーケットが開発した経営技術と売れるものならなんでも売るという品揃え方針で、ナショナル・ブランドの耐久消費財やスポーツ用品を主に、一部衣料・靴など定価の三～七割引の店。

アメリカでは、継続的品揃えができない、固定客化しないなどの欠点で、新興勢力のディスカウント・ストアに駆逐された。

トータル・コーディネーション　total coordination

同時に使う商品の、すべての用途、スタイル、デザイン、色、柄が調和すること。

トレード・オフ　trade off

製品ごとの品質を使う立場から決め直すこと。売価を引き下げるために、不要な機能を捨てて、逆に不可欠な機能を徹底し、より便利な商品を作ること。トレードオフにより本来必要な機能を充足した結果、実売価が高くなることもあり得る。

ナショナル・ブランド　national brand；NB

全国的に販売されているメーカー製品で地域別販売会社または大口サプライヤーを通じて流通する商品。販売地域が狭い場合にはローカル・ブランドと呼ぶ。

日本型スーパーストア　Japanese style super store

日本独特の大型総合セルフサービス小売業。米国のフォーマットGMSとは全く異なる。

パワー・センター　power center

ディスカウント・ストア、またはワンフロア型GMS、Jr．Deptを第一核とした大型ショッピングセンター。核は三社以上必要とされ、オープンエア型で全店平屋建。強力な集客力があり「パワー」と呼ぶ。

フォーマット　format

商品構成（品揃え）の特徴による店の分類。どの用途（TPOS）と来店頻度・商圏人口をねらった品揃えなのかと、価格帯の傾向で区別する。

これまで主流の「業種」（扱う品種による分類）とは異なる。

プライベート・ブランド　private brand；PB

チェーンストアが新しく製品開発した商品のうち、トレードオフによって従来なかった価値を付与し、新しい楽しさ・便利さ・おいしさを提案する商品。類似ナショナル・ブランド商品の、三分の一前後の売価をめざす。

ベーシック・アイテム　basic item

消費者がいかに節約しようとしても買わねばならない、とわが社が考えたくらし密着型の消費量の多い品目。

ポピュラー・プライス　popular price

大多数の客が、その価格なら気軽に買える価格帯。

マーチャンダイジング　merchandising

原料から消費の終了までの商品の全過程（流れ）を自ら設計し、統制すること。

マス・マーチャンダイジング・システム　mass merchandising systems

〝経済民主主義〟を実現するために、標準化された店舗を二〇〇以上にふやすことでマスの特別な経済的効果を出すための、システム。

ナ～ノ

ハ～ホ

マ～モ

ラ～ワ

著者紹介

渥美俊一（あつみ　しゅんいち）

一九二六年、三重県に生まれる。官立第一高等学校文科を経て、一九五二年、東京大学法学部卒業。読売新聞社経営技術担当主任記者として「商店のページ」を一人で編集・執筆。一九六二年から、チェーンストア経営研究団体ペガサスクラブを主宰。

一九六三年にわが国唯一のチェーンストア経営専門コンサルティング機関である日本リテイリングセンターを設立し、二〇一〇年に死去するまでチーフ・コンサルタントを務めた。ほかに日本チェーンストア協会相談役（元初代事務局長）、二〇〇八年には法政大学経営学部客員教授に就任した。この間、零細企業段階からビッグストアへと、育成指導した企業は約七〇〇社（小売業六〇〇社、フード・サービス業一〇〇社）。専門分野はチェーンストアの経営政策と経営戦略と基礎技術論。

著書は単独執筆が合計五七冊、ほかに共著三三冊。計九〇冊。

桜井多恵子（さくらい　たえこ）

一九四七年生まれ。女子美術短期大学造形科卒業後日本リテイリングセンターに勤務。同社チーフ・コンサルタント渥美俊一のアシスタントとして、マス・マーチャンダイジングの調査研究を担当。この間、一九八六年ニューヨーク州立ファッション工科大学ファッション・マーチャンダイジング学科卒業。渡欧米歴二〇〇回以上。

現在、日本リテイリングセンター・シニア・コンサルタント。

著書は本書のほかに『アメリカのチェーンストア見学』、『新しい売場構成』、『サービス』実務教育出版刊、『チェーンストアの衣料改革』ダイヤモンド社刊、『私のウォルマート商法（監訳）』講談社刊。

日本リテイリングセンターの活動目的は、わが国チェーンストア産業を築造することであり、私どもの指導対象はメンバーシップで、クライアントはわが国唯一のチェーンストア経営研究団体「ペガサスクラブ」に加盟している。ご関心の向きは、〒107-0062 東京都港区南青山一―一五―三ペガサスビル ☎〇三（三四七五）〇六二一（代表）の同クラブ宛にお問い合わせ願いたい。

「ペガサスクラブ」ホームページは http://www.pegasusclub.co.jp

チェーンストアの実務原則シリーズ

ストア・コンパリゾン――店舗見学のコツ

平成　八　年　二　月二十日　初版第一刷発行
平成　十九　年　七　月二十日　新訂初版第一刷発行
令和　六　年　十　月　十　日　新訂第二版第十四刷発行

著者――渥美俊一・桜井多恵子
発行者――小山隆之
装本者――道吉　剛・中村和代
発行所――株式会社　実務教育出版
東京都新宿区新宿一―一―一二　〒一六三―八六七一
電話　〇三―三三五五―一九五一（販売）
〇三―三三五五―一八一二（編集）
振替　〇〇一六〇―〇―七八二七〇
印刷――壮光舎印刷　株式会社
製本――東京美術紙工

検印省略　© 2007　Japan Retailing Center / Taeko Sakurai

ISBN978-4-7889-0524-5　C2363　Printed in Japan

落丁・乱丁本は本社にておとりかえいたします。

【チェーンストアの実務原則・シリーズ】

商品構成〔全訂版〕
渥美俊一著
国民大衆に豊潤な暮らしをもたらすための品揃えの原則を、世界のチェーン産業界で既に実証ずみの明快な体系として示した待望の書。

仕入れと調達〔全訂版〕
渥美俊一著
商品構成グラフを使いこなしながら、ベンダーの選択から取引方法の原則まで、チェーン経営独自の仕入れ技術と買付け方法の基本を解明。

店舗レイアウト〔全訂版〕
渥美俊一著
店とSCのレイアウトは、わが国では我流ばかりが横行している。これはチェーンストアの経験法則を日本で初めて体系化した実務理論書だ。

新しい売場構成〔新訂版〕
桜井多恵子著
日本の売場分類はすべて「作る立場」からだ。本当に「使う立場・買う立場」での分類とその関連のさせ方を、アメリカ・チェーンの実例で解説。

実務教育出版

重点販売

桜井多恵子著

マス・アイテムを育て、需要を一気に寡占する重点販売の計画づくりから、広告、売場プレゼンテーションの実際までを解説。

チェーンストアのマネジメント［新訂版］

渥美俊一著

「マネジメント」イコール管理・統制ではない。マネジメントとは、目標を達成するために作業方法を変える努力のことだ。激励や叱責に代わる科学的な行動原則を初めて解明。

サービス

桜井多恵子著

アメリカのチェーンが、一五〇年かけて築きあげた客を満足させる手法とは？　接客強化や特価特売、一斉割引ではない本当のサービスを提案。

ストア・コンパリゾン［新訂版］

＝店舗見学のコツ

渥美俊一
桜井多恵子　共著

勝つためには、敵を知ること。適切な〝店舗比較〟こそ競争への武器だ。チェーン経営を支える他店舗見学のノウハウを初めて体系化。

アメリカのチェーンストア見学［新訂版］

桜井多恵子著

アメリカのチェーンストアから流通革命をいかに正確に学ぶか。四七年間に一万八千人を引率したペガサス・アメリカ視察セミナーの教本を初公開。

チェーンストアの新・政策シリーズ

◉チェーンストア経営の基本論　第一人者の著者が世に問う「理論体系」と「政策提案」

チェーンストア経営の原則と展望〔全訂版〕

この40年間流通業大手の大部分を指導してきた著者による、チェーンストア経営の行動原則集。あわせて二十一世紀初頭の作戦展開を提案。

渥美俊一著

〔目次構成〕

チェーンストア　**能力開発の原則**〔全訂版〕

いよいよ本格的なチェーンストア経営システムづくりの時代に、第一人者の著者が、〝勉強のしかた〟の手順を初めて体系化。商業経営を科学するノウハウを詳述した中堅向け〝テキスト〟。

渥美俊一 著

〔目次構成〕
1 能力開発の方向 [1]マンパワーづくりの意義と現状 [2]チェーンストアマンの生涯設計 [3]チェーン・システムの担い手＝スペシャリスト [4]自己育成の方針 [5]自己管理の内容
2 組織の原則 [1]組織理解のための基本用語 [2]責任と義務の原則 [3]組織作りの原則 [4]命令の原則 [5]マニュアルの意味と急所
3 マネジメントの原則 [1]意味と機能 [2]幹部の条件 [3]幹部の行動 [4]小集団活動 [5]システムづくり [6]これから取り組むべき経営努力 [7]次なる出発のために

21世紀のチェーンストア

渥美俊一　著

チェーンストアは今、何をめざすのか！　人々の日常生活を、本当の豊かさへと転換させる新しい産業づくりの方法を明示。
渥美俊一の代表作。

〔目次構成〕